AI와 풍수지리

- AI 기술 발전으로 변화하는 사회에서
풍수지리의 필요성과 역할을 제시하다. -

저자 感應 김동기

인해

AI와
풍수끼리

작가의 말

서 문

이 책은 동양 철학의 핵심인 풍수지리와 4차 산업혁명 시대 인공지능(AI)과의 만남에서 탄생하였다. 풍수지리에는 우리의 역사, 생활, 문화, 가치관 등이 담겨져 있는바, AI시대 풍수지리의 새로운 시각을 제시하고 있는 이 책의 특징을 간단하게 살펴보면 다음과 같다.

첫째, 대부분의 기존 풍수지리 책들이 구(舊)시대의 언어로 표현되어 있어 이해하기 어렵다는 점을 고려하여 필자는 현대적인 언어로 집필하였다.

둘째, 국내 최초로 AI 기술인 Chat-GPT를 풍수지리에 적용하여, 지식을 이해하고 정보를 전달하는 것을 넘어 실생활에 필요한 내용을 쉽게 활용할 수 있도록 만들었다.

이 책은 풍수지리에 대한 기존의 지식이 있는 사람뿐만 아니라 처음으로 접하는 사람도 쉽게 이해할 수 있는 내용으로 구성되어, 여러분의 삶과 일상에 도움이 되길 바란다.

끝으로 이 책이 출판되기까지 세심하게 신경 써준 도서출판 인해 대표와 예쁘게 편집해준 정다운 디자이너에게 감사의 말씀을 전한다.

感應 김동기

Introduction

This book was born from the meeting of feng shui, the core of oriental philosophy, and artificial intelligence(AI) in the era of the 4th industrial revolution. Feng Shui contains our history, life, culture, and values. The characteristics of this book, which presents a new perspective on Feng Shui in the AI era, are as follows.

First, considering that most of the existing feng shui books are expressed in the language of the old era and are difficult to understand, the author wrote them in a modern language.

Second, by applying Chat-GPT, an AI technology for the first time in Korea, to feng shui geography, it made it easy to use the contents necessary for real life beyond understanding knowledge and conveying information.

This book is composed of contents that can be easily understood by those who have existing knowledge of feng shui as well as those who are new to feng shui, so I hope it will help you in your life and daily life.

Lastly, I would like to express my gratitude to the representative of Book Publishing who took care of this book until it was published, and to the designer Daun Jeong who edited it beautifully.

Dong-ki Kim

목   차

- 추천의 글

제Ⅰ편. AI와 풍수지리

　제1장 챗 GPT 기본 개념
　제2장 풍수지리 기본 이론
　제3장 챗 GPT와 풍수지리 만남

제Ⅱ편. 풍수지리에 좋은 아파트 외부환경

　제1장 재물운이 넘치는 아파트 단지
　제2장 건강운이 가득한 아파트 동(棟)
　제3장 MBTI 결과에 따른 방(房)

제Ⅲ편. 풍수지리에 좋은 아파트 내부환경

제1장 재물운을 부르는 현관
제2장 화목한 분위기의 거실
제3장 행복의 보금자리인 안방
제4장 건강과 재물을 키우는 주방
제5장 보물창고인 화장실
제6장 공부가 잘되는 공부방
 ※ 교보생명 창립자 정신(전착후관)

제Ⅳ편. 풍수지리 일반이론

제1장 음택풍수와 양택풍수
제2장 명당"터"의 조건
제3장 사주, 타로, 미신과 차이점
제4장 음양오행
제5장 상생과 상극
 ※ 드라마 〈카지노〉 최민식 배우의 상생·상극

- 풍수지리 활용사례

AI와
풍수지리

추천의 글

지구는 생겨나고 45억 년이 흐르는 동안 수많은 지각 활동을 통하여 변모해 왔습니다.

지진이나 화산은 물론 융기와 침식을 통하여 산이 생기고 바다도 생겨서 지형이 변화되어왔고 지금도 끊임없이 조륙·조산 활동이 이어지고 있습니다. 그러는 중에 대기가 생기고 물이 생겨 생명체가 탄생하게 되었습니다. 지금 보이는 산하는 태초의 모습이 아니라 풍상우로(風霜雨露)에 의해 풍화를 거듭하여 현재의 모습이 된 것입니다.

뭇 생명체들이 진화를 거듭하고 자연에 적응하여 살아가고 있습니다. 우리 인간도 이 땅에 출현한 지 300만 년이 지나는 동안, 자연을 극복하기도 하고 순응하는 지혜를 터득하였습니다. 맹수로부터 안전한 장소를 찾아냈고, 추위나 더위로부터 보호받고 안락하게 지내는 지혜를 배워 DNA를 후손에게 물려주었습니다.

이러한 지혜가 경험이 되고 집단지성화 되어 풍수지리(風水地理)란 학문으로 발전하였습니다.

그러한 의미에서 풍수지리는 어떤 학문보다 먼저 생겼고 생존과 직결된 필수적인 것이 되었습니다.

풍수(風水)란 바람과 물을 말함이요, 자연(自然)의 다른 말입니다. 오늘날 과학의 발달로 상당 부분의 자연재해는 극복이 되었지만 여전히 해결하지 못하는 부분도 있습니다. 애초에 인산도 자연의 일부인지라 자연은 극복의 대상이 아니라 함께 지내는 것이 우리에게 제시된 과제입니다.

서양의 합리적인 사고와 과학의 발달로 풍요와 생활의 편리함은 이루었지만 그에 대한 부작용이 있는 것도 사실입니다. 그래서 선진국이라 할 수 있는 미국을 비롯하여 유럽의 국가들은 동양의 풍수지리에 관심을 갖게 되었습니다. 우리나라는 아쉽게도 중국의 이론을 그대로 학습하는 수준이지만 그래도 글로벌 세계에 심오한 동양철학을 심어 자라고 있습니다.

이에 김동기 작가가 동서양의 핵심 이론을 접목한 'AI와 풍수지리'라는 전대미문의 책을 내어놓았습니다. 4차 산업 혁명 시대에 AI와 동양철학의 에센스인 풍수지리가 만나서 우리 인간의 삶에 어떤 선한 영향을 끼칠지 가슴이 두근두근거립니다.

김동기 작가는 부동산 전문가로서 미국 감정평가사 라이센스를 갖고 있으며 국내 유수의 기업체에 풍수지리 컨설팅과 강의를 하고 있습니다.

이런 분이 쓴 책이라면 권위가 있고 신뢰가 갑니다. 강호제현(江湖諸賢)님들의 일독(一讀)을 권합니다.

고려대학교 평생교육원 풍수지리 아카데미 悟조 최이락

시대를 앞서가는 융합적 사고의 소지자인 김동기 작가의 풍수지리에 관한 풍부한 본인의 지식과 경험을 세상에 풀어가는 통찰적 시각에 찬사를 보낸다. 작가의 놀라운 사고와 아이디어 때문에 신식에 구식인 풍수지리라는 고전은 신기술을 타고 전 우주를 첨단으로 유영하면서 신문명을 만들 수 있을 것으로 본다.

안상섭 법무법인 한별 변호사, (前)한국예탁결제원 상임감사

풍수지리를 이용하여 고객 선호도와 소비 행태를 파악하고, 이를 바탕으로 마케팅 전략을 개선하는 방법을 제시하며. 마케팅 담당자들이 풍수지리를 활용하여 더 나은 마케팅 전략을 수립하는데 이 책이 많은 도움이 될 것입니다.

노병두 상무 교보생명(주) 마케팅담당 임원

힘든 하루가 끝난 후, 당신은 어떤 집으로 돌아가고 있나요? 좋은 기운으로 가득찬 공간인가요? 아니면 그냥 잠만 자는 공간인가요? 활력과 행복이 있는 나만의 집을 만들고 싶다면 바로 지금 이 책을 펼쳐보세요.

김동희 리툴코리아 대표이사, 한국퇴직연금개발원 공동대표, 경영학박사

풍수지리는 우리의 삶에 매우 중요한 역할을 한다, 고객의 이익을 최대한 보호하고, 고객의 건강과 행운을 개선할 수 있는데 조언을 주는 변호사로서 이 책이 풍수지리에 대한 새로운 시각을 갖는 데 도움이 될 것이라 판단된다.

이정용 L&J 파트너스 대표변호사

부동산 운용 서비스업 회사의 경험을 바탕으로 부동산 운용에 있어 풍수지리의 중요성을 고객에게 안내한다. 또한 부동산에 대한 풍수지리적인 분석을 수행하는 방법과 도구를 활용하는 데 꼭 필요한 내용이 참 좋다.

이종태 교보리얼코 대표이사

챗 GPT와 같은 자연어 처리 기술을 활용하여 풍수지리의 전문 용어나 어려운 개념을 쉽게 이해할 수 있게 시각화한 도서이다. 우리의 삶과 함께하는 풍수지리를 실생활에 적용할 수 있도록 사례 중심의 이 책이 많은 도움이 될 것이다.

이창훈 이사 공학박사 퀄컴(Qualcomm)

이 책을 통하여 고객 자산에 대한 풍수적 잠재력을 최대한 활용하여 고객의 소중한 자산을 효율적으로 관리하는 방안을 제시한다. 또한 풍수지리를 활용한 부동산 자산 관리에 대한 맞춤형 컨설팅 서비스 제공이 가능하다.

최장희 상무 삼정KPMG

고객의 투자 방향을 결정할 때 풍수적 요소를 고려하여 투자 전략을 수립하고, 고객의 자산 포트폴리오가 풍수적으로 균형 잡혀 있는지 분석하고 개선 방안을 제시하는데 많은 도움이 기대됩니다.

이미란 WM팀장 미래에셋증권

기업에 대한 분석과 평가를 고객에게 제공하여 투자에 대한 방향성을 제시하고, 개인 투자자나 기업의 재무 상황에 대한 풍수지리적 분석을 통하여 투자에 대한 안정성을 제시하는데 이 책이 많은 도움이 된다.

이정준 이사 KB증권

풍수지리의 원리를 적용하여 화장품의 성분, 디자인, 포장 등을 조절하여 고객의 운세와 더불어 피부 건강을 개선시키고 아름다움을 추구한다. 이 책은 적용 가능한 내용들이 알기 쉽게 쓰여 있어 풍수지리를 활용하는 데 많은 도움이 될 것이다.

최홍규 초이스엔택 대표이사

SG건설개발은 항상 지속 가능한 기업 경영을 추구하고 있다. 이를 위해 우리는 풍수지리 원리를 세심하게 적용하여, 우리의 건축물이 주변 환경과 조화롭게 어우러지도록 하고 있으며 부동산 분야에서 일하시는 분들에게 이 책을 적극 권장합니다.

김석곤 SG건설개발 대표이사

우리는 새로운 기술과 아이디어를 도입하고, 풍수지리 원리를 적극적으로 활용하여 끊임없이 연구와 개발을 진행하고 있습니다. 우리의 연구시설과 기술이 주변 환경과 더욱더 조화롭게 하는데 본 책이 많은 도움을 줄 것으로 기대하고 있습니다.

김장환 화성궤도(주) 대표이사

건강한 실내 환경을 조성하기 위해, 제품의 배치와 디자인 등에서 풍수지리 원리를 적용하여, 고객에게 더욱 좋은 서비스를 제공하고자 하는 고민들을 이 책을 통해서 해결할 것으로 예상합니다.

서정표 씨엔블루 대표이사

환자들에게 좋은 풍수 상태인 곳에서 생활하며, 건강한 식습관과 생활습관을 유지하는 것이 중요하다고 조언하고 있다. 아름다운 피부를 원하는 분은 이 책에서 유익한 정보를 얻을 수 있을 것이다.

김영수 수지피부과 대표원장

다양한 분야의 고객들에게 비즈니스나 마케팅 전략, 투자 전략 등 다양한 분야에서 서비스를 제공한다. 이 책을 통하여 풍수지리를 비즈니스 전략에 적용하는 새로운 아이디어 창출에 많은 도움이 될 것으로 기대가 되어 일독을 권장한다.

이익진 전무 아우름 컨설팅앤어드바이저리

특정 질병에 대한 풍수적 원인과 예방 방법에 대해 설명하고, 질병에 대한 치료를 할 때 풍수지리적인 접근 방법을 활용할 수 있는 방법을 이 책을 통해서 새로운 시각으로 찾아볼 수 있는 귀중한 시간이 되었습니다.

성재환 경희당한의원 한의학 박사

부동산 자산을 관리하는 방법과 풍수지리의 원리를 적용하는 방법에 대한 새로운 견해를 제시하는 이 책을 통해서 부동산 투자에 대한 최상의 결정하는 데 도움 받으시길 바랍니다.

유승재 (주)레이거프로퍼티 대표이사

환자에게 항상 과학적인 근거와 신뢰성 있는 지식을 바탕으로 고객에게 서비스를 제공하는 분야에서, 환자의 감정이나 컨디션은 매우 중요합니다. 이 책을 통해 풍수지리에 대한 프레임을 새롭게 하면 좋을 것 같습니다.

조일 사랑나무치과 대표원장

"While reading this book, I realized that it could assist individuals in their personal development and overall well being. I am grateful for this book as it greatly aided me during my school years. I believe that this book has the potential to help readers achieve their desired goals, and I would highly recommend it to anyone seeking to improve themselves and their quality of life."

Hyun Joon John Kim, WHITINSVILLE CHRISTIAN SCHOOL

Education consulting, which makes important decisions about students' futures, is a service provides professional guidance and advice on students' education and career paths. In the educational market where competition intensifies, it is expected that it will be possible to provide a higher level of education consulting to students if they refer to the basic contents of feng shui geography based on verified theories and information. (www.BostonMS.com)

Brian Lee & Christine Lee, MS Education Consulting Group

Businesses must always put customer interests and satisfaction first, and provide products and services based on reliable information and scientific evidence. I wish Feng Shui to be very helpful for your business.

Jin Woo, Lee Manager Director PT. EMSONIC INDONESIA

Those in the insurance industry can use feng shui to help attract customers and increase their understanding of insurance more easily. It is also possible to recommend insurance products to customers based on the feng shui information introduced in this book.

Woo Tae-je, CEO of LIMRA Korea

과학적인 근거와 법적 지식에 기반하여 VIP 고객의 자산운용 전략 수립과 세무적인 자문을 수행하는 데 있어서, 부동산 고객의 풍수지리에 대한 궁금증을 쉽게 설명하고 있는 책으로 초보자라도 쉽게 이해할 수 있는 책입니다.

양민수 세무사 교보생명 재무설계센터

포스코건설 Smart 현장관리 모바일 개발 등을 당사의 컨설팅 전문가그룹에서 진행한 경험에 과학적인 근거와 검증된 풍수지리 이론을 적용하면 고객의 이익과 만족도를 한 차원 높게 만족시킬 것으로 기대합니다.

류운영 (주)휴먼플러스 대표이사

고객의 투자 수익과 만족도를 보장할 수 있도록 노력하는 자산운용사로서 검증된 이론을 기반으로 자산시장의 변동성에 적극적인 대응 전략을 수립하고 고객의 투자 성향을 이해하는데 이 책의 기본적인 풍수 이론이 많은 도움이 될 것으로 기대됩니다.

주형선 (주)어썸자산운용 대표

AI 와
풍수끼리

제 I 편
AI와 풍수지리

제1장 챗 GPT 기본 개념

○ 인공지능(AI) 챗 GPT

Chat GPT(챗GPT)는 GPT-4를 기반으로 하는 대화형 인공지능 서비스이다. 이는 자연어 처리 분야에서 사용되는 인공지능 기술 중 하나로 GPT는 "Generative Pre-training Transformer"의 약자로, Open AI에서 개발한 모델이다. GPT 모델은 대규모의 데이터를 학습하여, 문장 생성, 번역, 요약 등 자연어 처리 분야에서 다양하게 활용될 수 있다.

또한 챗 GPT는 채팅과 같은 자연어 대화 시스템에서도 이용할 수 있다. 챗 GPT를 이용해 사용자와 대화를 하면, 자연스러운 대화가 가능하다. 예를 들어 챗 GPT를 이용해 특정 주제에 대해 채팅을 하면, 챗 GPT는 해당 주제에 대해 알고 있는 정보를 바탕으로 사용자와 대화를 이어나갈 수 있다.

필자의 생각은 챗 GPT는 인공지능 분야에서 매우 중요한 기술 중 하나이며, 앞으로 더욱더 발전하여 인터넷 이후 우리의 삶을 변화시키는 또 다른 혁명이 될 것이라고 본다.

제2장 풍수지리 기본 이론

○ 풍수지리란 무엇인가?

풍수지리는 중국에서 시작된 지리학의 한 분야로서 이론적으로는 기원전 4세기부터 존재하였으며, 사람들이 살아가는 환경과의 관계를 연구하는 학문으로 현대에 이르러서는 주로 부동산, 건축, 도시계획, 등과 관련된 분야에서 활용되고 있다.

한국의 풍수지리는 고조선 시대부터 이미 존재하였으며, 도선국사는 풍수지리학, 묘지선정, 건축설계 분야에서 지식과 기술을 크게 발전시켰다. 특히 고려 시대에 이르면서 상당한 발전을 이루었고 대표적으로 이익운(李益運)의 '당산론(唐山論)'과 박세준(朴世俊)의 '백운론(白雲論)' 등이 있다.

조선 시대에 이르러서는 풍수지리가 하나의 학문 분야로서 정립되었으며, 특히 조선 후기에는 풍수 이론과 적용 방법의 연구가 더욱 발전하여, 이를 바탕으로 건축물, 도시 계획 등 다양한 분야에서 활용된 것을 알 수 있다. 그 사례로 효자동 정자(孝子洞亭子), 경복궁 향원정(慶北宮香遠亭)[1]의 조성 등이 있다. 특히,

---

[1] 북쪽에 산을 두고 남쪽으로 호수를 마주하고 있어 지형상 좋은 위치에 있다. 이는 자연의 에너지가 흐르는 방향과 맞닿아 풍수적으로 유리하며, 또한 정사각형 모양으로, 중앙에 채움돌을 놓고 주위를 둘러싸는 형태로 건축되어 중앙에 에너지가 집중되어 흐르고, 주위에는 에너지가 둘러싸여 안정성을 높이는 풍수적인 구조이다.
이러한 풍수적 요소들은 경복궁 향원정이 조선 시대 군자들의 교육을 위한 곳으로 매우 적합한 위치에 건축되었음을 보여주며, 한국 전통 건축물의 풍수적인 구조와 심벌리즘에 대한 이해를 높이는 데 도움을 준다.
(자료 : 위키피디아)

경복궁 정자 터는 조선 시대 군자들의 교육 장소로서 산과 호수 그리고 정사각형의 정자가 있어 풍수적으로 조화와 균형을 이룬 최고의 장소 중 하나이다.

풍수지리는 일반적으로 땅의 지형, 물의 위치, 건축물의 위치, 방향 등을 중점적으로 고려하며, 이를 기반으로, 풍수지리 전문가는 땅이나 건축물의 위치, 방향 등을 조정하여 기운의 교류를 최적화한다.

필자가 생각하는 풍수지리는 "인간의 삶을 향상시키기 위한 중요한 지식으로, 건강, 행운, 부, 인연 등 우리의 일상생활에서 접하는 다양한 삶의 이슈들을 해결하면서 이를 통해, 사람들은 쾌적하고 건강한 환경에서 행복한 삶을 살아갈 수 있도록 도움을 주는 것"이라고 본다.

경복궁 향원정

○ 풍수지리의 어제, 오늘 그리고 내일

현대의 풍수지리는 우리나라를 비롯하여 중국, 일본, 대만 등에서 주로 활용되고 있으며, 20세기 이후에는 서양 사람들의 관심도가 높아지면서, 중국의 전통적인 지리학 분야로서의 위치를 넘어서 전 세계적으로 알려지고 있다.

조선 시대에는 풍수지리가 조선 정치 철학인 유교 사상과 대립하면서, 풍수지리의 활용이 금지되기도 하였으나, 근대에 들어서면서 다시 풍수지리에 대한 관심이 높아졌고, 특히 부동산 분야에서는 풍수지리를 활용하여 부동산 가치를 측정하고, 상승 가능성을 예측하는 등의 실용적인 측면에서 다양하게 활용되고 있다.

최근에는 풍수지리 전문가들이 대학에서 교육을 받는 등, 풍수지리에 대한 전문성이 높아지고 있으며, 풍수지리를 활용한 건축, 인테리어, 부동산 등의 다양한 분야에서 인기가 높아지고 있다.

미래에는 풍수지리가 과학적인 방법과 데이터 분석을 활용한 과학적 의미의 풍수지리 전문분야로 발전할 것이며, 또한 풍수지리가 인공지능(AI)을 활용하여 인간의 삶의 질을 개선하는 데 더욱더 많은 역할을 기여하는 데 큰 발전을 할 것으로 필자는 전망하고 있다.

유교사상과 풍수지리

구 분	자연과의 관계
유교사상	관망 / 안빈낙도
풍수지리	포용 / 자연일부

○ 풍수지리 반드시 도움이 된다.

풍수지리에 대한 생각은 개인의 신념과 선호도에 따라서 많은 차이가 발생하며, 오래전부터 우리의 삶과 같이해 온 풍수지리를 신뢰하고 실생활에 적용할 것인가에 대한 판단은 100% 개인의 선택에 달려 있다고 본다.

풍수지리는 삶에 다양한 영향을 미칠 수 있으며, 예를 들어, 우리가 살고 있는 집의 방향과 위치, 내부 구조, 인테리어 디자인 등에 풍수적인 원리를 적용하면, 강한 에너지 흐름이 유지되도록 건강하고 안전한 환경을 조성할 수 있다.

따라서 필자는 이 책을 보는 독자분들이 풍수지리에 대하여 맞는지 틀리는지 또는 옳고 그름의 문제의식보다는 "풍수지리 지식을 활용하여 나의 삶의 질을 개선하고 성공적인 인생을 이루는 데 많은 도움이 된다"는 긍정적인 마인드로 접근하는 것이 좋다고 본다.

> 그 자체로 아름다운 슈트는 없다.
> 각각의 슈트는 각각의 삶에 맞춰줘야 한다.
> 안토니오 리베라노(86)

챗 GPT를 통해 본 다양한 풍수지리 활용사례들을 살펴보면, 풍수지리는 건축, 인테리어, 부동산, 개인의 운세 등 다양한 분야에서 활용될 수 있으며, 현대사회에서도 풍수지리의 활용이 계속해서 늘어나고 있으며, 삶의 질을 향상시키는 데에도 큰 도움이 될 수 있다고 한다.

하지만, 필자의 생각은 챗 GPT의 풍수지리 활용사례 내용 중 대부분 동의하나, 개인의 운세를 판단하는 분야에서도 풍수지리는 사용된다는 것은 쉽게 동의하기 어려운 부분이다. 운세라는 것은 항상 정확한 것은 아니며, 과학적인 근거나 증거가 없는 예측 방법을 사용하기 때문에 신뢰성에 문제가 많다. 풍수지리가 개인의 운세를 판단한다는 것은 풍수지리가 추구하는 목적에 맞지 않으며, 단지 운세는 미래의 불확실한 상황에 대하여 잠시 안정감을 주는 정도라고 보기 때문에 풍수지리 운세는 효용성이 떨어진다고 하겠다.

 챗 GPT에서 조사한 풍수지리 활용사례

첫째, 풍수지리는 건축 분야에서 매우 중요한 역할을 한다. 건축물의 설계와 위치, 방향, 내부디자인 등에 풍수적인 원리를 적용하여 건강하고 안전한 환경을 조성할 수 있다.

둘째, 인테리어 분야에서도 풍수지리는 매우 유용한 도구이다. 인테리어 디자인에 풍수적인 원리를 적용하여 공간의 에너지 흐름을 개선하고, 쾌적하고 안락한 공간을 조성할 수 있다.

셋째, 부동산 분야에서도 풍수지리는 중요한 역할을 한다. 부동산 가치를 측정하고, 상승 가능성을 예측하는 데에 풍수지리를 활용할 수 있다.

넷째, 개인의 운세를 판단하는 분야에서도 풍수지리는 사용된다. 풍수지리에서는. 생년월일과 사는 공간의 환경을 고려하여 개인의 운세를 판단하고, 좋은 운세를 유지하고 나쁜 운세를 예방할 수 있다.

제3장 챗 GPT와 풍수지리 만남

○ 챗 GPT와 풍수지리 관계

챗 GPT와 풍수지리는 공통분모를 찾아보기 어려울 정도로 다른 분야이지만, 챗 GPT를 이용하여 풍수지리와 관련된 글이나 대화 시스템을 구축하여, 보다 효과적으로 정보를 전달하고 이를 일상생활에 활용이 가능할 것이라고 본다.

챗 GPT(Generative Pre-trained Transformer)는 자연어 처리 분야에서 매우 높은 성능을 보이는데 반하여, 풍수지리는 문화적인 개념으로, 이를 인공지능 기술과 결합하는 것은 그리 쉽지는 않을 것으로 보인다.

그러나, 챗 GPT를 이용하여 풍수지리에 대한 이론적인 내용이나 풍수에 대한 팁이나 조언 등을 적은 글을 챗 GPT 모델에 학습시켜, 풍수지리에 대한 내용을 보다 풍부하고 효과적으로 전달이 가능할 것이다.

또한, 챗 GPT 모델을 이용하여 풍수지리와 관련된 질문-답변 형태의 대화 시스템을 구축할 수도 있고, 이를 통해 사용자가 풍수지리에 대해 궁금한 점을 쉽게 질문하고 답변을 받을 수 있으며, 보다 편리하고 정확한 정보를 얻을 수 있는 기회가 많이 생길 수 있을 것이다.

○ 챗 GPT와 함께하는 풍수지리

챗 GPT 와 함께하는 풍수지리는 우리의 삶에 많은 변화와 흥미로운 결과를 가져올 것으로 예상된다. 항상 새로운 질문을 통해 결과물을 유도하고, 그 기계의 결과물의 철저한 검증과정을 거쳐 인간의 한계를 극복하고, 보다 정확하고 효율적인 정보를 활용하여 인간의 삶의 질을 개선하는 데 도움이 될 것이다.

챗 GPT는 오랫동안 축적되어 형성된 풍수지리를 보다 빠르고 정확하게 분석하고, 앞날의 예측이 가능하도록 활용될 것이며, 그리고 풍수지리 분야에서 챗 GPT는 다음과 같은 일들의 수행이 가능할 것으로 예상하고 있다.

 챗 GPT가 풍수지리에서 수행가능한 업무

> 첫째. 챗 GPT는 건축물의 위치와 방향 등을 분석하여, 최적의 위치 선정이 가능할 것이며, 이를 통해 건축물의 에너지를 보다 효율적으로 활용할 수 있다.
>
> 둘째. 실내 공간의 크기, 형태, 색상 등을 고려하여 인테리어 디자인을 최적화 할 수 있으며, 이를 통해 집의 환경을 보다 풍부하고 조화롭게 꾸밀 수 있다.
>
> 셋째. 챗 GPT는 부동산 시장의 동향을 예측할 수 있어 부동산의 운영관리 및 투자 전략을 수립하는데 많은 도움을 줄 수 있다.
>
> 넷째. 건강분야 역시 풍수지리적 요소의 분석을 통하여 건강한 환경을 조성할 수 있는 가이드라인을 제시 할 수 있다.

○ 챗 GPT 활용예시

- 대규모 데이터를 학습하여, 다양한 자연어 처리 작업에 적용이 가능하다.
  ex) 문장의 생성, 번역, 요약 등

- 인간의 언어 특성을 모방하여, 자연스러운 문장을 생성할 수 있다.
  전이학습(Transfer Learning)으로 적은 데이터로도 높은 성능을 발휘한다.

- 자연어 대화 시스템에서 챗 GPT 채팅이 가능하다.
  단, 생성된 문장이 항상 정확한 것은 아니기 때문에, 오류를 방지하기 위해 추가적인 검증작업이 반드시 요구된다.

풍수지리 사자성어

- 지화자상(地劃者象): 대지를 그리고 모방하는 것이 중요하다는 뜻으로, 풍수지리에서 대지의 지형과 모양을 파악하고 활용하는 것이 중요하다는 의미이다.

- 상하수지(上下水止): 물의 흐름을 잘 파악하고 이용하는 것이 중요하다는 뜻으로, 풍수지리에서 물의 흐름과 위치를 파악하여 집안의 기운을 조절하는 것이 중요하다.

- 금수강산(錦水江山): 금수와 강산은 풍수지리에서 가장 중요한 요소로, 금수는 어떤 지역의 물의 기운을 의미하고, 강산은 그 지역의 지형과 모양을 의미한다.

- 용왕치환(龍王治環): 용왕은 풍수지리에서 건강한 물의 기운을 의미하고, 치환은 집안의 기운을 조절하고 정리하는 것을 의미한다.

- 산수화풍(山水畵風): 풍수지리에서 산과 물을 그리는 것이 중요하다는 뜻으로, 집안에 적절하게 산과 물을 배치하여 기운을 활성화하는 것이 중요하나는 의미이다.

- 강풍일월(江風日月): 강은 풍수지리에서 물의 기운을 의미하고, 풍은 바람의 기운을 의미한다. 강과 바람이 조화롭게 흐르는 것이 중요하다는 의미이다.

- 천지인(天地人): 천지는 하늘과 대지를 의미하고, 인은 인간을 의미한다. 이 세 가지가 조화롭게 어우러져야 집안의 기운이 활성화되는 것이라는 의미이다.

- 삼왕연대(三王緣大): 대대로 이어져 내려오는 삼대 왕의 기운을 의미한다. 풍수지리에서는 선조들의 기운과 역사적인 유산이 집안에 영향을 끼친다고 믿기 때문에, 집안에 역사적인 유산이나 가보, 선조들의 사진 등을 두는 것이 좋다는 의미이다.

- 태산지곡(太山之谷): 태산의 계곡으로, 한적하고 조용한 곳을 뜻한다. 풍수지리에서는 집안에서도 조용하고 한적한 분위기를 유지하는 것이 중요하다고 믿기 때문에, 집안에서는 소음을 최소화하고, 조용하고 한적한 분위기를 조성하는 것이 좋다는 의미이다.

풍수지리 속담

- "일진에게 풍수는 물론이거니와 풍수에게 일진인 집도 있다."
  일을 잘하는 사람이 풍수에 미치는 영향은 크며, 풍수가 좋은 집에 살아도 일을 잘하지 않으면 효과가 떨어짐을 말하는 속담이다.

- "물이 맑으면 길도 밝아진다."
  주변 환경이 좋으면 사람의 인생도 밝아지며, 풍수적으로 좋은 환경은 인생에 긍정적인 영향을 미친다는 속담이다.

- "바람은 산에서 난다."
  좋은 성과를 얻으려면 노력이 필요하며, 그 노력이 산처럼 큰 것일수록 좋은 결과를 얻을 수 있다는 속담이다.

- "산수와 기운은 죽어도 변하지 않는다."
  좋은 풍수 환경은 시간이 지나도 변하지 않으며, 영원히 지속된다는 속담이다.

- "하늘이 높아도 땅을 기준으로 살라."
  풍수적으로 좋은 위치에 있는 집이라 할지라도, 실제 생활에서 편안하게 살 수 있는지 고려해야 한다는 속담이다.

향   수

이동원. 박인수
작사 : 정지용
작곡 : 김희갑

넓은 벌 동쪽 끝으로
옛이야기 지줄대는 실개천이 휘돌아 나가고,
얼룩백이 황소가 해설피
금빛 게으른 울음을 우는 곳,
-그곳이 차마 꿈엔들 잊힐리야.

질화로에 재가 식어지면
비인 밭에 밤바람 소리 말을 달리고,
엷은 졸음에 겨운 늙으신 아버지가
짚베개를 돋아 고이시는 곳
-그곳이 차마 꿈엔들 잊힐리야.

흙에서 자란 내 마음
파아란 하늘빛이 그리워
함부로 쏜 화살을 찾으러
풀섶 이슬에 함추름 휘적시던 곳,
-그곳이 차마 꿈엔들 잊힐리야.

전설바다에 춤추는 밤물결 같은
검은 귀밑머리 날리는 어린 누이와
아무렇지도 않고 예쁠 것도 없는
사철 발 벗은 아내가
따가운 햇살을 등에 지고 이삭 줍던 곳,
-그곳이 차마 꿈엔들 잊힐리야.

하늘에는 성근 별
알 수도 없는 모래성으로 발을 옮기고
서리 까마귀 우지짖고 지나가는 초라한 지붕,
흐릿한 불빛에 돌아앉아 도란도란거리는 곳,
-그곳이 차마 꿈엔들 잊힐리야.

☞ 이동원, 박인수의 가곡 "향수"에 대한 풍수상 해석

가곡 "향수"의 노래 가사에 언급된 자연적 요소와 구조를 풍수적 요소와 연결함으로써 우리는 가사의 의미를 더욱 깊이 이해할 수 있다.

"동쪽 넓은 들판 끝, 옛이야기에 실개천이 흐르는 곳, 금뿔과 점이 있는 소가 울고 게으른 소가 운다"라는 가사에서 동쪽은 풍수에서 '나무'의 요소를, 넓은 들판은 '산'의 지형을, 실개천은 물의 흐름을 나타내는 '물'의 요소로 해석할 수 있다. 또한 금색 뿔과 점이 있는 소는 풍수지리에서 부와 관련된 상징으로 해석할 수 있다.

또한 '옛이야기', '실개천'이라는 단어가 언급되면 조상의 영혼과 물을 나타내는 중요한 풍수적 요소로 해석할 수 있다. 마찬가지로 "게으른 소의 울음소리"는 풍수에서 정체된 것을 나타내는 상징으로 해석될 수 있으며, 이를 해결하기 위해 풍수에 "금속" 요소를 도입하는 것이 좋다.

: 제 II 편
풍수지리에 좋은
아파트 외부 환경

제1장 "재물운" 넘치는 아파트 단지

○ 부자 되는 아파트 환경

좋은 아파트의 위치는 첫째로 바람이 가능한 불지 않는 곳이 가장 좋다. 단지 내에서 외곽보다는 중심부에 위치한 아파트가 좋은데 이는 외곽을 둘러싸고 있는 주변 아파트들이 좌청룡 우백호의 역할을 해서 악풍, 흉풍, 음풍, 살풍 등의 나쁜 바람을 막아주기 때문이다.

아파트가 단지 내 중심부에 위치하여 나쁜 바람을 피했다면 인근 아파트의 외형이 각이 지거나 모서리 부분이 내가 살고 있는 집을 향하여 45°각도로 비스듬히 찌르는 곳은 피해야 한다. 이러한 것을 풍수에서는 충(沖)이라 한다.

아파드에서 충(沖)의 기운이 보이면 마치 창으로 건물을 찌르는 격으로 몸이 아프거나 금전적 피해가 발생하게 된다. 또한 도로가 직선으로 달려드는 위치나 물이 찌르듯 들어오는 자리에 있는 아파트나 주택 역시 충(沖)으로 해석되어 피하는 것이 좋다.

○ 원래부터 "땅"이었던 곳이 좋다.

아파트의 부지는 본래 땅 위에 위치하고 평탄하고 완만한 곳이 좋다. 과거에 공동묘지였던 땅이나, 복개천, 해안가, 습지나 쓰레기 매립지였던 자리는 피하는 것

이 좋다. 또한 아파트 부지가 험한 바위나 자갈이 많은 땅에 자리하면 땅의 고유한 지기(地氣)가 원활하게 순환되지 못하기 사람이 살면서 좋은 기운을 받을 수 없어 피하는 것이 좋다.

참고로 필자가 해외부동산 투자를 위해 방문하였던 영국 CANARY WHARF 지역은 해안가로서 1980년대 개발이 진행되어 금융 중심지로서 유럽에서 가장 높은 빌딩 등이 있으나, 현지 주민들은 이곳보다는 도심지역에서 살기를 원하는 것을 인터뷰한 경험이 있어 유럽 사람들도 거주를 희망하는 지역은 해안가보다는 원래 "땅"이었던 곳을 선호하는 것을 알 수 있었다.

아파트 주변에 아담한 산들이 원을 그리듯 사방으로 감싸주고, 앞에는 흐르는 물이 평지를 감싸 안고 있는 아파트 단지가 좋다. 그러나 물이 아파트를 등지고 흐르면 발전이 없다. 즉, 배산임수가 아파트 부지로서 좋은 곳이다.

○ 계곡풍, 빌딩풍은 반드시 피해야 한다.

높은 산을 깎아 택지를 조성하여 만든 아파트 부지는 좋지 않다. 주변보다 높은 산을 깎다 보면 좌우로 감싸주는 좌청룡 우백호가 없어지거나 낮아져서 외부 바람으로부터 보호를 받을 수 없어 아파트의 기(氣)를 보존할 수 없다.

전형적인 예가 도심의 빌딩숲 사이에는 부는 빌딩풍이다. 과거에는 이와 같은 바람의 형태를 계곡풍(溪谷風) 또는 산곡풍(山谷風)이라 하여 피해 왔으며, 그러한 곳을 벗어나 집의 위치를 정하거나 나무를 심어 비보(裨補)를 하였다.

더구나 산을 개발하여 절개한 면과 마주하고 있는 아파트는 특히 좋지 않다. 산을 절개한 부분에 토사가 무너지지 않도록 설치한 콘크리트 옹벽과 아파트 사이에 바람이 강하게 만들어진 골바람이 유통되기 때문에 흉한 기운이 멈추질 않는다.

아파트 동 좌우에 있는 산줄기가 마치 팔로 감싸듯이 안쪽으로 굽어 있으면 좋다. 특히 오른쪽과 왼쪽 산 능선 사이 중간에 위치한 동은 좌우로 균형이 맞아야 좋다.

○ 아파트 뒤쪽의 골짜기와 물은 피해야 한다.

산의 골짜기는 물과 바람이 함께 이동하는 통로 역할을 하는데, 주간에는 골짜기를 따라 땅 아래에서 위쪽 산으로 바람이 불고, 야간에는 산 위에서 아래로 바람이 골짜기를 따라 불게 된다. 이로 인해 밤낮으로 변하는 바람의 방향 때문에 풍수적으로 안정감이 떨어져 사람의 건강이나 재물운에 좋지 않은 영향을 주어 피하는 것이 좋다.

고층빌딩 사이 강한 바람

도심 상공의 강한 바람이 고층 빌딩에 부딪혀 지표면으로 급강하한 뒤에 소용돌이처럼 위로 솟구치거나 좁은 건물 사이를 지나게 됩니다. 이때 압력은 낮아지고 속도가 빨라지면서 더 강력한 바람으로 바뀌는 현상을 '빌딩풍'이라고 부르기도 합니다.

또한 건물 외부적으로 구조물에 부담이 생겨 안전성에 문제가 발생하고, 건물 내부에서는 바람이나 물의 소리가 크게 들리거나, 불안한 느낌을 주는 등의 안락성 문제가 발생할 수 있다. 건물 내부의 공기 순환에도 영향을 미치게 되어, 실내 공기의 질이 저하되게 된다.

그리고 건물 내부의 온도 분포 역시 불균형하게 되는데 이는 건물의 난방, 냉방 등 에너지 효율성에 부정적인 영향을 준다. 그리고 주변 환경의 보존도 어려워지게 한다. 바람이나 물의 강도가 강해지면, 토양 침식이나 수문제 등의 환경 문제가 발생할 수 있다.

따라서 아파트를 선택할 때 산의 골짜기에서 물과 바람이 함께 이동하는 지역은 피하는 것이 좋은데, 부득이한 경우에는 아파트 뒤쪽 바람과 물의 방향과 세기를 고려하여 아파트의 적절한 방향과 배치를 반영하여 설계되었는지를 먼저 체크하는 것이 필요하다.

○ "건강운" 넘치는 동(棟)은 이곳이다.

양택(陽宅)풍수에서 길흉화복에 영향을 주는 것은 지맥(地脈)의 영향을 가장 많이 받는 아파트 부지와 동의 위치이다. 좋은 아파트 부지를 선택하여 결정하고 난 이후에 고려해야 할 부분은 단지 내에서 동의 방향이다. 아파트의 정면은 동의 출입구와 거실 발코니가 같은 방향으로 향한 쪽이 정면이다. 그렇지 않은 경우에는 거실 발코니 쪽을 우선으로 해서 아파트의 정면으로 본다. 또한 아파트의 동 출입구와 거실 발코니는 지형적으로 낮은 쪽을 향하는 것이 좋다.

그러나 동 출입구와 발코니 방향이 다른 것은 좋지 않은데. 이것은 마치 단독주택에서 대문을 집 뒤로 내는 것과 같아 기의 흐름을 혼란스럽게 한다. 이는 바람의 방향을 다르게 하여 건물 주변의 공기의 흐름을 바꾸고 건물 내부의 온도 분포나 공기의 순환 등을 좋지 않게 한다.

또한 건물의 산호각이 달라지는데 산호각[2]이란 건물이 바람을 받아들이는 각도로서, 이 각도가 작으면 바람이 건물에 부딪혀서 압력이 커지고, 크면 바람이 건물을 통과하기 쉬워져서 압력이 작아진다. 이는 건물의 안전성과 안락성에 영향을 미치게 된다.

그리고 아파트의 각 방향에서 들어오는 자연광과 공기의 양과 질이 다르게 된다. 이는 건물 내부의 밝기와 공기 질 등에 영향을 미치게 되어, 사람들의 건강과 생활 편의성에도 좋지 않은 영향을 준다.

산호각 있는 건물

---

[2] 건물의 산호각
건물의 산호각은 건물의 외부에서 산과 같은 모양으로 솟아나온 부분을 말한다. 풍수에서는 이 산호각이 건물의 기운을 더욱 증폭시키는 역할을 하며, 특히 산호각이 가파른 각도로 솟아나오는 경우, 급기야 기운의 흐름이 더욱 강해지게 된다. (출처: Google)

○ "건강운"이 살아 있는 동(棟)은 이곳이다.

아파트 동의 위치는 주변 자연환경과 대지의 조화가 잘 이루어진 곳이 좋다. 같은 아파트 단지라도 입주 이후 시간이 흐를수록 가족들이 건강하고 사업도 잘되며, 학생들은 공부에 집중하는 등 행복한 세대로 발전하는 동과 그렇지 못한 동으로 구분된다.

예를 들어 A동에 사는 사람들은 입주 이후에 훨씬 더 발전하여 경제적으로 나아진 반면에, 그렇지 않은 B동에 사는 사람들은 입주 전보다 상황이 더 안 좋아지고 금전적으로 어려워지는 경우이다. 또한 B동으로 구급차가 자주 오고 하는 이런 아파트 동이 다른 동 보다 이사가 자주 발생하는 곳이다.

필자의 생각으로는 이사를(매매, 월세) 고려하는 경우 외형상 보이는 부분은 위의 내용으로 어느 정도 판단이 가능하지만, 특정한 동에서 발생하였던 내용들은 우선 주변 공인중개사 3~4군데 탐문하고, 또한 그 지역에서 가장 오래된 점포 등을 추가로 방문해서 확인해보면 어느 정도는 풍수에 좋지 않은 동은 피할 수 있을 것이다.

산, 호수, 공원 있는 아파트 단지

제3장   MBTI³⁾ 유형에 따른 방(房) 선택

○ MBTI 유형에 따른 방의 방향

MBTI에서 나타낸 성격 유형은 사람의 행동 양식과 성격적 특징을 나타내는 것이며, 풍수지리는 사람이 사용하는 공간과 주변 환경이 그들의 라이프스타일과 행복감에 미치는 영향을 분석한다. 이러한 관점에서 볼 때 MBTI와 풍수지리는 서로 상호 보완하는 관계를 가지고 있다.

- ESTJ 유형은 북향의 방이 좋다.

MBTI에서 ESTJ 유형은 외부 지향적인 활동을 통해 적극적인 에너지를 충전하고, 체계적이고 계획적인 성격을 가지고 있다. 이 유형의 사람들은 일을 잘 마무리하고 계획을 세우는 것을 좋아한다. 이러한 ESTJ 유형은 북향으로 방의 위치를 정하는 것이 좋다.

북향으로 방을 정하게 되면 북쪽의 차가운 기운을 받아 성격이 진정되고 차분해진다. 그리고 살거나 일하는 공간은 풍수적으로 안정적인 지형에 위치하고, 교통이 편리한 곳, 집안 구조가 체계적인 아파트나 사무실 등이 적합하다.

---

3) MBTI [Myers-Briggs Type Indicator]
  MBTI(Myers-Briggs Type Indicator)는 스위스 정신분석학자인 카를 융(Carl Jung)의 심리 유형론을 토대로 고안한 자기 보고식 성격 유형 검사 도구이다. MBTI는 60개 질문에 대해 스스로 결정하여 선택한 다음 4가지 분류 기준에 따른 결과에 의해 16가지 심리 유형 중에 하나로 분류한다. <출처: 네이버 지식백과>

- INFP 유형은 남향의 방이 좋다.

MBTI에서 INFP 유형은 타인과 어울리는 것 보다 혼자서 명상이나 묵상을 통하여 내적인 세계에 집중하면서 에너지를 충전하는 경우가 많다. 또한 예술적인 감각과 창의력이 뛰어나며, 자유로운 분위기를 좋아한다. 이러한 INFP 유형은 남향으로 방을 정하는 것이 좋다.

햇빛이 잘 드는 남향을 선택하면 분위기가 밝아져서 침체되고 가라앉은 기운을 밝은 기운으로 전환하는 데 도움을 준다. 그래서 풍수적으로 조화롭고 아름다운 자연 환경에 위치한 집이나, 창조적인 분위기가 조성된 아트 스튜디오 등이 적당하다.

성격 유형 정리

참고로 필자의 방은 스마트폰 나침판 앱을 통하여 확인한 결과 북동 45°이다. 독자들도 스마트폰 앱을 활용하면 방의 방향 위치를 간단하게 확인할 수 있다.

○ 세대별 특성을 반영한 방 선택

- 신혼부부는 물과 도로가 있는 곳이 좋다.

현대를 살아가는 신혼부부는 거액의 자금이 소요되는 부동산가격과 매년 증가하는 물가상승 등으로 대부분 경제적 사정이 좋지 않다. 또한 시간이 경과하면서 준비해야 할 자녀 양육비, 교육자금, 노후 자금의 자금들을 미리부터 준비해야 하는 시기이다.

이러한 자금들을 준비하기 위해서는 풍수의 좋은 기운을 받아 다른 연령층보다 좀 더 빠르게 부를 쌓을 수 있는 물과 도로가 있는 인근지역에 아파트를 선택하는 것이 좋다.

신혼부부가 집을 고를 때(자가, 전세, 월세 상관없이) 주변에 물과 도로가 있는지를 가장 우선순위로 하여 집을 정하는 것이 좋다. 풍수상 물은 재물을 상징하는 것으로 끊임없이 재물에 대한 관심과 흥미를 무의식적으로 갖게 한다.

그리고 현대에는 도로가 음양오행에서 물의 역할을 대신하는 것으로 본다. 끊임없이 흐르는 물처럼 이어지는 도로의 역동적인 모습은 신혼부부에게 날마다 새로운 세계를 계속하여 보여주어 이들이 멈추지 않는 꾸준한 노력을 계속하게 만든다.

또한 이렇게 함으로써 날마다 변화되는 자기의 모습을 발견하게 되며, 물과 도로의 좋은 기운을 통하여 더욱더 발전되는 삶을 만들어 갈 수 있게 한다.

중년층에 어울리는 공원이 있는 아파트

- 중년 세대는 산이나 공원 주변이 좋다

중년층의 사람들은 산 근처나 공원이 있는 아파트에서 생활하는 것이 좋다. 풍수상 산은 명예를 뜻하며 쾌적하고 조용한 곳에서 지금까지 이루어온 자산과 건강 그리고 명예를 지키면서 의미 있는 중년의 삶을 살아가는 것이 좋다.

그러나 도심에 거주하면서 산 근처에서 산다는 것은 쉬운 일이 아니기 때문에 아파트 인근지역에 잘 만들어진 공원이 있는 곳을 찾아보면 좋다. 풍수상 공원은 그곳에 다양한 나무와 꽃 그리고 아름다운 숲길 등이 잘 조성되어 있어 작은 산으로 보기 때문이다.

○ 연령을 고려한 방의 방향 선택

- 학생 방은 해가 뜨는 동쪽 방향이 좋다.

자녀들의 공부방은 동쪽 방향으로 하는 것이 좋다. 동쪽으로 공부방의 위치를 정하면 해가 뜨는 아침의 밝은 햇살을 가장 많이 받을 수 있어 좋다. 눈부신 아침 햇살에 게으른 사람이라도 일찍 일어나는 부지런한 생활 습관으로 변화된다.

- 중년은 따뜻한 남쪽 방향이 좋다.

현대는 부모님과 함께 생활하는 세대가 거의 없는 상황이다. 그러나 경제 상황이나 자녀 육아 등의 문제로 부모님을 모시면서 생활해야 하는 중년 세대라면 방의 위치를 남향으로 하는 것이 좋다.

중년은 집안에서 가정의 중심이자 기둥 역할을 하기 때문에 가장을 기준으로 해가 뜨는 동향과 해가 지는 서향 두 방향의 중심인 남향이 좋은 또 다른 이유이다.

또한 남향은 해가 가장 오랫동안 많이 비치는 장점이 있어 사람들이 가장 선호하는 방향이기도 하다.

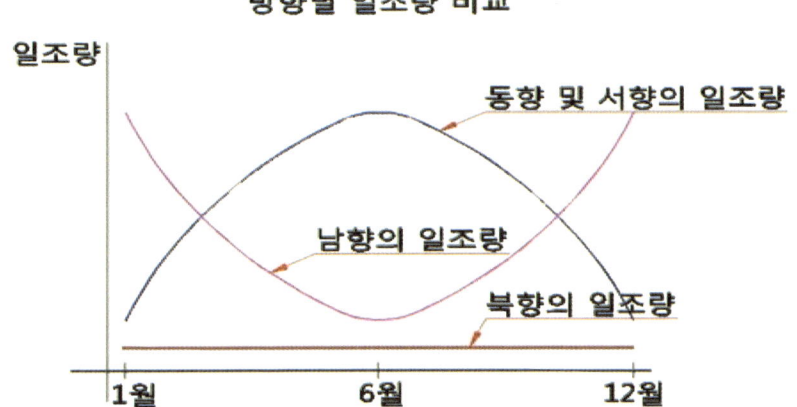

- 중년 이후의 방은 해가 지는 서쪽 방향이 좋다.

중년 이후 어른들의 방의 위치는 해가 지는 서쪽 방향이 좋다. 해가 지는 서향은 오후에 햇볕을 많이 받아 따뜻하고 포근하다. 또한 노년의 나이에 석양에 해가 지는 것을 바라보며 지나온 인생을 되짚어 볼 수도 있고, 해가 지고 달과 별이 뜨는 자연 변화의 현상을 통해 우주의 원리와 삶의 이치를 깨달을 수 있어 노년에 서향으로 방을 정하면 좋은 이유이다.

☞ 어수선한 사람은 북쪽 방향이 좋다.

주변에 평소 열이 많아서 말이 많거나 차분하지 못해 한시라도 가만히 있지 못하는 사람들, 자꾸만 밖으로 나가려는 사람들은 북향으로 방을 정하면 뜨거운 열의 기운을 다소 가라앉게 하여 사람이 차분하고 정숙한 성격으로 변하게 하는데 영향을 준다.

챗 GPT에서 확인한 풍수지리에 좋은 아파트 외부 환경은 에너지가 자연스럽게 흐르는 물이 있는 곳과 주변에 산이 있어 자연적인 장벽으로 악영향을 막아주는 역할을 하는 것이 중요하다고 보고 있는데 이는 상당히 공감이 가는 내용이다,

다만, 특이한 점은 터가 동서 방향으로 긴 형태의 터가 좋다고 하는데 이는 지금 시대에 현실적으로 도시 지역에서 대규모의 터를 찾기도 어렵고 자연적인 풍수의 흐름에도 나쁜 영향을 주어 올바른 내용이라고 보지 않는다.

챗 GPT에서 조사한 풍수지리에 좋은 아파트 외부 환경

1. 지형: 지형이 평평하고 넓은 곳보다는 산과 강이 있는 지역이 좋다. 산이 있으면 자연적으로 언덕이나 골짜기가 생기고, 강이 있는 곳은 물의 흐름이 자연적으로 생긴다는 점에서 풍수상 좋다.

2. 지평선: 지평선이 넓고 열린 곳이 좋다. 이렇게 되면 자연적인 에너지가 자유롭게 흐를 수 있게 된다.

3. 물: 물이 흐르는 곳이 좋다. 물이 흐르면 에너지가 자연스럽게 흐를 수 있고, 강이나 호수가 있는 곳이 좋다. 물이 없다면 인공연못이나 분수를 만들어서 물을 흐르게 하는 것도 좋다.

4. 산: 산이 있으면 좋다. 산은 자연적으로 물이 흐르는 곳이기 때문에 에너지가 자연스럽게 흐르게 되며, 또한, 산은 자연적인 장벽이기 때문에 악영향을 막아준다.

5. 동서방향: 동서방향으로 긴 형태의 터가 좋다. 이렇게 되면 남북방향으로 뚜렷한 장벽이 형성되어 자연적인 풍류가 형성되게 된다.

6. 주변 환경: 주변 환경이 조용하고 평화로운 곳이 좋다. 불필요한 소음이나 진동이 없는 곳이 좋다.

☞ 주거공간이 편안하고 안정감 있는 아파트 조건

사람마다 살아온 이력(履歷)이 다르듯이 땅에도 각각의 터마다 서로 다른 이력을 가지고 있다. 이러한 것들이 사람에게 좋은 영향을 주거나 좋지 않은 영향을 준다. 풍수적인 관점에서 사람에게 영향을 주는 요인으로는 바람(風)·물(水)·햇빛(陽光), 지자기(地磁氣)가 있다. 아파트가 전망이 좋은 곳에서 생활하면 눈이 호강하여 좋을 수 있지만, 그보다는 좋은 기운을 받을 수 있는 곳에서 자신에게 맞는 즉, 생기가 흐르는 안락한 집이 건강에 훨씬 좋다.

자신의 경제적 수준과 정서적으로 맞는 공간에 교통, 교육, 의료 등의 주거 환경과 입지 여건이 좋은 곳에서, 생기(生氣·좋은 에너지)가 흐르고 자기의 영혼을 보호하는 공간을 갖춘 집이야말로 가장 편안하고 안정감 있는 최고의 안식처라 할 것이다.

결론적으로 삶의 질을 높이고 건강하게 살아가기 위해서는 주거공간이 편안하고 안정감이 있는 것이 무엇보다 가장 중요하다.

☞ 건강에 좋은 아파트 층수는 7층 내외가 좋다.

사람에게 좋은 영향을 주는 지기(地氣)는 평지에서 아파트 7층 내외 약 15미터 정도에서 평균 0.5가우스(gauss)의 자기(磁氣)가 발생한다. 그 이상 올라가면 0.25가우스로 떨어져 높은 아파트일수록 좋은 기운이 부족하다고 하겠다. 이러한 영향으로 고층아파트에 거주하게 되면 지자기(地磁氣)의 결핍이 계속되어 관절·두통·불면·변비 등으로 거주자의 건강에 해를 끼칠 수 있다.

또한 자기장을 측정하지 않아도 일반적으로 아파트 단지에서 자라는 나무의 높이까지 지기(地氣)의 영향이 있고, 나무의 가지가 옆으로 뻗어 있는 넓이까지 나무의 뿌리가 땅속에서 자라고 있다고 보면 된다.

아파트 Check Point

○ 풍수에 좋은 아파트 "터"
- 홍수, 태풍, 산사태, 지진, 해일 등 자연재해로부터 안전한 곳
- 주변의 자연 경치와 전망이 좋은 곳
- 여름에 선선하고 겨울에는 따뜻한 곳
- 따뜻한 햇볕이 잘 드는 양지
- 마시는 물과 강, 하천 등의 안쪽으로 풍광이 좋은 곳

○ 위치나 모양이 좋은 집터
- 집터가 평탄하고 네모반듯한 모양(정사각형 또는 직사각형)
- 부정형이나 맹지, 갈라진 땅은 피하는 것이 좋다.
- 주변보다 지대가 상당히 높거나 축대를 너무 높인 땅은 피한다.
- 집 전면에 담장이나 각진 모서리가 보이는 건물은 좋지 않다.

○ 아파트 단지의 좋은 입지
- 아파트 단지가 산이나 능선보다 앞에 위치하는 것이 좋다.
- 아파트 주변 도로가 외곽에서 감싸도는 단지의 안쪽에 위치하는 곳
- 아파트 단지가 인근지역보다 너무 높거나 낮은 위치는 피한다.

○ 아파트 단지 내 좋은 동 위치
- 산에서 내려오는 능선과 연결된 위치의 동은 피한다.
- 아파트 거실에서 바라보는 풍경이 좋고 산과 들, 하천이 완만한 지역
- 동 배치가 남향이나 남동향으로 햇살이 잘 드는 위치
- 동이 주변 빌딩이나 산보다 높지 않은 5~10층 전후가 풍수상 좋다.

○ 각진 모서리를 보이는 위치는 무조건 피하자.

집 전면에 건물이나 담장의 각진 모서리가 자신의 집 쪽으로 향하고 있으면 뜻밖의 사건이 일어나기 쉽고 재물운도 약해져서 피하는 것이 좋다. 아파트 전면의 산이나 건물의 조망이 수려하고 단정한 곳이 좋다.

○ 가능하면 고층 건물 안 보이는 곳이 좋다.

집 앞쪽에 초고층 주상복합 아파트나 고층빌딩이 있는 경우 조망권뿐만 아니라 일조량도 줄어들어 가족들의 건강에도 좋지 않고, 풍수적으로도 집의 머리에 침을 찌르는 것과 같은 느낌을 주어서 가슴이 답답하고 집안에 가정불화가 일어날 수 있어 피하는 것이 좋다. 현실적으로 도심지역에서 고층 건물이 보이지 않는 곳을 찾기가 어렵지만, 가능하면 고층 건물보다는 산이 보이는 쪽을 선택하는 것이 좋다.

○ 경찰서보다는 학교나 공원이 보이는 곳이 좋다.

집 근처에 경찰서, 교도소 등의 건물이 보이는 경우 풍수상 관재구설이나 시비, 소송 등에 휘말리는 경우가 있어 피하는 것이 좋다. 반면에 학교나 문화센터, 공원 등의 있는 집의 위치는 풍수상 사람에게 편안하고 쾌적한 환경을 조성해주어 좋다.

○ 우리 집으로 달려오는 도로는 무조건 피해야 한다.

도로가 자신의 집을 향해 달려오거나 나가는 터는 사람들의 몸과 마음을 항상 불안정하게 만들어 피하는 것이 좋다. 또한 건물의 뒤쪽이나 옆으로 지나가는 도로가 있는 곳도 피해야 한다.

○ 아파트 앞을 가로막는 전철이나 고가도로도 피해야 한다.

기차나 전철, 고가도로 등이 건물 앞에서 가로막고 있으면 사업이 잘 풀리지 않거나, 재물운이 낮아질 수 있다. 또한 건물의 뒤쪽으로 통과하는 경우에도 집으로 들어오는 좋은 기운을 끊을 수 있어 선택하지 않는 것이 좋다.

○ 거실에서 주차장 입구가 보이면 좋지 않다.

아파트 거실에서 지하 주차장 출입구가 보이게 되는 경우에는 자신의 좋은 운이 호랑이 입으로 빨려 들어가는 형상으로 피하는 게 좋다. 오래된 아파트의 경우에는 거실에서 주차장 입구가 보이는 곳이 있었으나, 최근에 신축된 아파트의 경우에는 초기 기본 설계 진행 시 동 배치, 주차장 출입구 등을 신경 써서 이러한 경우는 거의 없다고 하겠다.

풍수지리 사자성어

- 천지반영(天地反映): 하늘과 대지의 기운이 집안에 반영되어 있기 때문에, 집안의 분위기가 불길하거나 좋지 않으면 하늘과 대지의 기운이 좋지 않다는 것을 의미한다.

- 물레방아(水磊方阿): 물과 바위가 어우러져 있는 모습을 뜻하며, 풍수지리에서는 물의 흐름과 바위의 모양이 중요한 역할을 하기 때문에, 집안에서도 물과 바위의 조화를 이루는 것이 좋다는 의미이다.

- 부양지세(富陽之勢): 태양의 기운이 집안을 비추는 것을 의미하며, 집안에서 태양의 기운이 잘 들어오도록 창문이나 문을 배치하는 것이 중요하다는 의미이다.

- 적산지수(赤山之手): 적산은 풍수지리에서 기운이 집중되는 곳으로, 집안에서 적산을 활용하여 기운을 조절하는 것이 중요하다는 의미이다.

- 대청마루(大淸馬路): 집안의 대문과 입구가 깨끗하고 넓은 것이 중요하다는 의미이다. 대청마루를 유지하면 집안의 기운이 잘 흐르며, 상황도 좋아진다고 믿어지기 때문이다.

- 해돋이산맥(海陀山脈): 해돋이를 비롯한 일출과 일몰의 기운이 집안에 들어오는 것이 중요하다는 의미이다. 집안에서 해돋이나 일몰의 경치를 감상할 수 있는 공간을 마련하는 것이 좋다는 의미이다.

- 산수유고(山水有鼓): 집안에서 소리가 잘 퍼지는 구조와 환경을 만들어 기운이 흐르도록 하는 것이 중요하다는 의미이다.

풍수지리 속담

- "집은 새와 같이 지어라."
  새가 머무는 곳은 바람이 잘 통하며, 그와 같이 집도 풍수적으로 좋은 위치와 구조를 고려하여 지어야 한다는 속담이다.

- "올바른 위치에 올바른 것을 둬라."
  풍수적으로 좋은 위치에 적절한 물건을 두면 행운을 끌어들일 수 있다는 속담이다.

- "일석이조"
  풍수적으로 좋은 위치와 구조를 고려하여 집을 지으면, 건강과 행운을 동시에 얻을 수 있다는 속담이다.

- "한 평의 흙에도 하늘의 뜻이 있다."
  풍수적으로 좋은 위치와 구조를 고려하여 집을 지어도, 운명이 좌우할 수 있다는 속담이다.

- "물이 흐르면 바닥이 보인다."
  풍수적으로 좋은 위치와 구조를 고려하여 집을 지어도, 결국은 사람의 인내와 노력이 중요하다는 속담이다.

제Ⅲ편
풍수지리에 좋은 아파트 내부 환경

☞ 사람의 입에 해당하는 현관문이 중요한 이유

현관문은 집안의 입구로서, 집 안으로 들어오는 에너지의 출입구이다. 현관문의 위치와 방향, 크기, 문의 재질, 문고리 등이 풍수에 영향을 미치게 된다. 또한 사람이 집을 들어가고 나올 때 반드시 거쳐야 할 곳이며, 생활에 필요한 여러 가지 물건들 역시 이곳을 통해 옮겨지고 이동되는 장소로서 집안에서 중요한 곳이다.

옛날 선조들 역시 현관문의 중요성을 알고 있었으며, 집의 모든 복락이 드나드는 곳이라 여겨서 중요하게 다루었다. 그래서 현관문의 위치나 크기 방향 등에 관하여 세심한 주의를 하였다.

동서양의 현대식 현관문

○ 입춘대길 건양다경[4] (立春大吉 建陽多慶)

현관문은 바깥의 외부 기운이 내부로 들어오는 경계선에 있는 곳으로서, 에너지가 집 안으로 들어오는 출입구이므로, 현관문 앞에는 미끄러운 바닥재나 물건을 놓지 않도록 해야 한다. 또한, 현관문이 집에 비하여 너무 작거나 너무 크면 안 좋다.

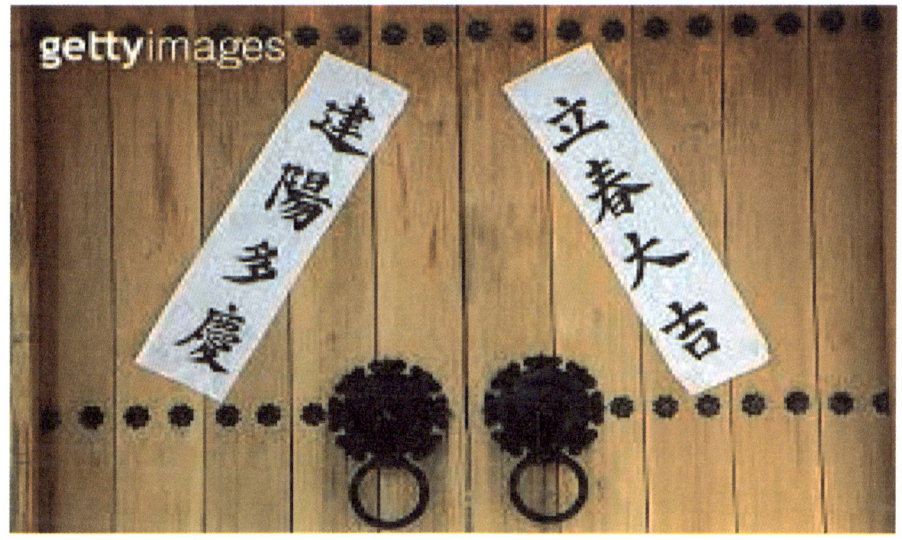

이러한 이유 때문에 예전부터 조상님들은 봄이 되면 대문에 입춘대길, 건양다경의 글을 써 붙여 집안에 행복과 행운이 들어오기를 기원 해왔다.

---

[4] "입춘대길 건양다경"(立春大吉 建陽多慶) '봄이 시작되니 크게 길하고, 경사스러운 일이 많이 생기기를 기원한다'는 뜻이다. '봄이 시작됐다'는 입춘(2월 4일)을 맞아 대문이나 들보, 기둥, 천장 등에 써 붙이던 글이다. (출처: 챗 GPT)

제1장 재물을 부르는 현관

○ 현관에 좋은 기운을 부르는 멋진 문패를 다는 것이 좋다.

문패란 주소나 이름 등을 적어 대문 위나 옆에 붙이는 작은 패를 말하는데. 예전에 가장들은 한평생 고생하여 마련한 집에 자기 이름의 문패를 대문에 다는 것을 인생 최고의 목표로 할 정도로 문패 다는 것에 상당한 의미를 두었다. 그리고 내 집 마련의 꿈을 이루었을 때 자신의 이름을 적은 문패를 대문 앞에 다는 것을 평생 자랑스럽게 여기며 생활하였다.

그러나 현대 아파트에서 문패가 있는 집을 찾아보기가 어렵다. 그 대신 아파트의 층과 호수를 표시하는 숫자로 된 나타내는 사인물이 대신하고 있는 현실이다. 이러한 경우에는 이 집에서 어떠한 사람이 생활하고 있는지를 알 수 없게 된다.

물론 개인 정보나 부착 위치 때문에 문패를 다는 데 현실적인 어려움이 있을 수 있다. 하지만 현관문에 가족 구성원의 이름이 쓰인 문패를 달아서 어렵고 힘겨운 여건 속에서 삶의 터전을 마련했으며, 우주 공간에 우리 가족이 여기에서 생활하고 있다는 것을 알리는 것이 더욱더 중요하다고 생각한다.

네비게이션도 자기 위치를 먼저 알리고 목적지 위치 정보를 받는다. 네비게이션의 작동은 GPS(Global Positioning System) 위성을 통해 우선 현재 자기의 위치를 파악하고, 지도 데이터베이스와 연동하여 목적지까지의 경로를 탐색하게 된다. 이러한 과학의 기본 원리를 풍수지리에 적용하여 해석하면 문패를 달아야하는 이유를 쉽게 찾을 수 있다.

또한 문패에는 다양한 의미와 상징이 담겨 있는데, 예를 들어, 사자나 용 등의 동물이 새겨진 문패는 권위와 용맹함을 상징하며, 돈나무나 복숭아 등의 식물이 새겨진 문패는 부와 번영을 상징하기에 독자의 취향에 따라 선택하면 좋겠다.

현관문에 문패를 다는 것을 통하여 외부세계로부터 나의 집에 멋지고 좋은 기운이 집안으로 흘러들어 오도록 하는 것이 풍수상 문패 다는 것을 강조하는 이유이다.

또한 필자가 좋아하는 김춘수의 "꽃"이라는 시에서도 모든 사물은 이름을 가짐으로써 그것으로 인식된다는 철학이 내포되어 있다고 본다.

현관문 문패

꽃

김춘수

내가 그의 이름을 불러주기 전에는
그는 다만
하나의 몸짓에 지나지 않았다.

내가 그의 이름을 불러주었을 때,
그는 나에게로 와서
꽃이 되었다.

내가 그의 이름을 불러준 것처럼
나의 이 빛깔과 향기에 알맞은
누가 나의 이름을 불러다오.
그에게로 가서 나도
그의 꽃이 되고 싶다.

우리들은 모두
무엇이 되고 싶다.
너는 나에게 나는 너에게
잊혀지지 않는 하나의 눈짓이 되고 싶다.

○ 맑은 소리가 나는 종(鐘)을 달아두면 좋다.

현관문 안쪽에 경쾌하고 밝은 음색의 소리가 나는 종을 달아두면 풍수상 좋다. 종은 강한 양의 기운으로 그 안에서 나오는 종의 울림은 그 파동의 힘이 강하여 집안 곳곳에 양의 좋은 기운이 가득하게 만든다. 즉, 음의 기운이 머물러 있는 집안에 양의 기운을 불러와 집안에 생기를 불어넣어 음의 기운과 양의 기운이 조화와 균형을 이루게 한다.

또한 종은 어둠을 깨우고 밝은 세상이 열리는 것을 의미하기도 한다. 현관문을 열고 닫을 때마다 맑고 청량한 종소리의 울림이 집 안팎에 퍼지면 집안에 좋은 기운이 상승하여 식구들이 행복하고 화목한 가정을 이루는 데 많은 도움을 주게 된다.

종은 소리가 잘나고 울림이 멀리까지 퍼질 수 있는 놋쇠 재질로 만든 종이 좋다. 종의 모양은 부엉이 모양이나 절에 걸려 있는 풍경(물고기 모양)이 좋다. 부엉이 모양의 종은 집안에 재물과 부귀의 기운이 가득하게 해준다.

사찰의 처마에 달려있는 물고기 모양의 작은 풍경은 외부로부터 나쁜 기운이나 음의 기운이 집안으로 들어오려고 할 때 이 풍경 소리가 나쁜 기운을 들어오지 못하게 한다. 또한 물고기 모양의 풍경은 자면서도 눈을 뜨고 자는 물고기의 습성을 사람들이 참고하여 일상생활을 하면서 몸과 마음이 항상 깨어 있을 수 있도록 무의식적인 신호를 보내는 역할을 한다.

부엉이 종과 풍경

○ 출입구 바닥에 깔끔한 매트를 배치하는 것이 좋다.

현관 출입구 바닥에 식구들이 좋아하는 색깔의 깔끔한 매트를 깔아 놓으면 현관을 지나가는 사람들의 기분이 좋아지고 맑고 깨끗한 기운이 집안으로 자연스럽게 들어와서 집안에 화목한 기운이 가득하게 된다.

매트의 색상이 너무 밝은색 계통은 피하는 것이 좋으며, 대신 오렌지나 핑크 등의 색상이 풍수상 좋다. 매트 색상이 너무 흰색이나 기하학적인 무늬, 복잡하고 난해한 그림 등은 사람에게 혼란스러움을 주고 풍수상 오히려 해를 끼쳐 차라리 깔지 않는 것이 좋다.

직사각형 매트는 원만한 가정과 안정된 삶을 이루어 현재에 만족하여 변화보다는 안정된 삶을 유지하는 것을 선호하는 가정에 어울리고, 원형 매트는 연애운을 끌어 올려서 젊은 친구들에게 좋은 이성과 만날 수 있는 기운을 줄 수 있어 좋다. 또한 타원형 매트는 재물을 가장자리로 모이도록 하는 하여 재물운을 상승시켜 많은 부를 추구하는 사람에게 좋다.

현재 대부분의 현관문은 문이 집 안쪽 방향으로 열리게 되어 있는데 이는 풍수의 기본 원리가 잘 반영된 것이라고 볼 수 있다. 이는 집을 방문하는 외부 손님에게 "어서 들어오세요"하는 무언

현관 발 매트

의 환영 메시지를 전달하고, 집주인에게는 외부 사람이 집안 내부를 쉽게 볼 수 없도록 하여 식구들의 프라이버시가 어느 정도 보호하는 역할을 하게 되기 때문이다.

○ 밝고 환하게 하는 것이 좋다.

현관은 일시적으로 이용하는 장소이다. 그래서 현관은 동적인 시간보다는 정적인 시간이 많은 곳으로 양의 기운보다는 음의 기운으로 대부분 채워져 있다. 집안 어느 곳이라도 음의 기운이 오래 머무르는 것은 풍수상 좋지 않으며 현관 역시 바꾸어줄 필요가 있다. 풍수에 좋은 양의 기운으로 현관을 전환하기 위해서는 현재 설치되어있는 조명을 점검하여 고장이 나 있거나 어둡다면 밝고 환한 조명으로 바꾸어서 부족한 양의 기운을 채우게 해야 한다.

결론적으로 조명의 밝은 기운이 어둡고 침침한 현관의 음의 기운을 밝고 환한 양의 기운으로 전환하여, 음양의 조화와 균형을 이루어 외부의 좋은 기운이 집 안으로 들어오는 통로 역할을 현관이 제대로 하게 된다.

현관 조명의 중요성

○ 하루에 한 번 이상 환기를 시켜야 한다.

현관문의 사용은 제한적으로 문을 열고 닫는 횟수가 그리 많지 않아 기의 흐름이 원활하지 못하다. 그래서 하루에 한 번 이상은 현관문을 활짝 열어 외부의 기운이 원활하게 들어오게 하는 것이 좋다. 이렇게 하면 대류의 순환을 통하여 집안 곳곳의 나쁜 기운을 밖으로 내보내고 맑은 기운이 안으로 들어와서 좋은 기운이 집안에 가득 채워지게 된다.

과거에는 건축기술이 발달되지 않아 집안의 문과 문틀 사이에 빈틈들이 많아 그곳을 통하여 외부 공기가 내부로 들어오고 내부의 공기가 외부로 나가는 자연스러운 공기의 순환이 가능하여 환기에 대하여 그리 신경 쓰지 않아도 되었다. 그러나 현대는 샷시, 단열기술 등의 건축기술이 발달되어 아파트 내부와 외부의 공기 흐름이 거의 완벽하게 차단되고 있어 현관문의 환기가 중요하고 반드시 필요한 이유이다.

또한 현대인은 집안에서 요리로 인한 연기, 공기 중 곰팡이, 미세먼지, 황사 등이 있는 실내에서 생활하고 있어 풍수적인 측면뿐만 아니고 가족의 건강관리 측면에서도 하루에 한 번 이상은 현관문을 활짝 열어 환기를 해야 한다.

○ 작은 그림을 걸어두는 것이 좋다.

현관 출입구는 항상 깨끗하고 청결하게 유지 관리되어야 한다. 현관이 밝고 개방감 있게 트여 있으면 집안 식구들에게 좋은 기운을 주고 편안함을 느끼게 된다. 현관은 좋은 기운은 오래 집에 머물러 새어 나가지 않도록 하고, 나쁜 기운은 바로 바깥으로 내보내는 것이 가장 중요한 역할이다.

현관에 작은 코끼리 그림을 걸어두면 좋은 이유는 코끼리는 물의 신으로 재물을 의미하며 코의 방향이 하나는 위로 하나는 아래로 향하는 그림이 좋다. 코끼리 코가 위로 향해 있는 것은 출세와 권력을, 아래로 향해 있는 코끼리 코는 재물을 모으는 것을 상징하여 집안에 부귀와 명예의 기운이 가득하게 한다는 의미가 있어서 그림을 걸어두는 것이 좋다고 본다.

또한 코끼리 그림 이외에도 물과 관련된 그림은 돈과 지혜의 기운을 상승시키며, 꽃이나 나무, 붉은색 노란색 화분 등의 그림은 부의 기운을 불러서 좋으니 집안 식구들이 좋아하는 그림을 선택해서 걸어두는 것을 추천한다.

그러나 험악한 동물의 박제나 그림 등은 집안에 좋은 기운보다는 나쁜 기운을 모이게 하여 좋지 않으니 절대 걸지 않도록 해야 한다. 또한 현관에 복잡한 소품, 가족사진, 나쁜 기운 있는 오래된 서예, 그림, 도자기, 생기 없는 조화 역시 풍수에 좋지 않아 피하는 것이 좋다.

재물과 권력을 상징하는 코끼리

○ 아파트에 중문을 설치하는 이유는 이것이다.

예전 고택에는 외부에서 집 안으로 들어오는 초입에 솟을대문5)이 있어서 외부의 여러 가지 섞여 있는 기운이 곧바로 집안으로 오는 것을 방지하였다. 이는 주인에게 솟을대문에서 중문까지 걸어오는 동안 안전하게 집에 도착했다는 안도감을 주었으며, 외부 손님이 방문했을 때 사전에 주인이 손님을 맞이할 마음의 준비를 할 수 있도록 시간적 여유를 가지게 하였다.

현대의 아파트 공간에서는 예전의 솟을대문의 역할을 현관문이 대신하고 있는데, 현관문과 거실 사이에 중문을 설치하여 현관문을 열었을 때 거실이나 안방, 기타 방들이 직접 보이지 않게 한다. 또한 중문은 현관문을 통하여 들어오는 외부의 걸러지지 않은 나쁜 기운이 집안으로 바로 들어오는 것을 방지한다. 즉, 외부의 기운이 직접적으로 가족이나 방주인에게 영향을 미치지 않도록 하는 것이 바람직하다.

솟을대문과 아파트 중문

---

5) 솟을대문이란
   중앙에 높게 지붕을 올리고 그 양편을 낮게 만든 대문을 말한다. 대개는 지방의 세도가와 양반가의 대문에 즐겨 사용을 했으며, 솟을대문 옆으로는 하인들이 묵는 문간채와 헛간, 마굿간, 광채 등이 함께 자리를 잡는다. (출처: 챗 GPT)

○ 남자신발은 위쪽으로 여자 신발은 아래쪽에 보관하는 것이 좋다.

신발은 바깥의 외부 기운을 가장 많이 받으며 사람이 밖에서 활동하는 동안 시작과 끝을 같이 한다. 또한 신발은 가정과 사회를 연결해 주는 매개체 역할을 하기도 한다. 따라서 신발을 잘 관리하고 보관해야 집안의 건강운과 재물운이 상승 하게 된다.

신발장의 크기는 좀 크다 싶을 정도의 사이즈가 좋다. 또한 자주 신는 신발만 현관에 가지런히 정돈하여 사용하는 것이 좋다. 신발장 청소는 자주하고 신발이 너무 빽빽하지 않도록 해서 기의 흐름이 원활하게 순환되도록 해야 한다.

신발 보관은 햇살이 가득한 동쪽이나 남쪽 방향이 좋으며, 신발이 희망과 밝은 기운을 가득히 담을 수 있도록 하는 것이 좋다. 또한 신발장은 남성들의 신발을 상단에 놓이게 하고 여성들은 신발은 하단에 놓아 보관하는 것이 좋다. 이렇게 하면 남성들의 적극적이고 도전적인 기질과 여성들의 편안하고 안정된 삶을 추구하는 성향에 맞아 집안이 항상 안정되고 화합하는 기운으로 가득 채워지게 된다.

신발은 일복을 상징하기도 하며 좋은 구두를 신으면 좋은 일이 많은 곳으로 이끌어 주게 된다. 또한 신발은 새로운 시작의 출발점을 상징하기도 한다. 일이 생각한 대로 안 풀리거나 진행이 잘 안 될 때에는 새로운 신발을 사서 신발장에 보관해 두면 일과 재물운이 트이게 된다.

신발은 매일 같은 신발을 신는 것보다는 하루하루 다르게 번갈아 가며 신발을 신어 매일 매일 기분 좋은 상태에서 신는 것이 좋다. 또한 신발 끈은 나와 세상과의 연결 또는 사람과의 인연을 의미한다. 따라서 신발 끈이 풀어져 있거나 끊어지지 않도록 단단히 고정해야 한다.

옛 조상들은 살아 있는 사람의 신발은 신발코가 방을 향하도록 하여 집안에 사람이 있음을 표시하였고, 신발코가 밖으로 향하면 집안에 초상이 났다는 것을 의미했다. 망자(亡者)의 신발코를 밖으로 향하도록 돌려놓아 집안에서 운명하셨다는 것을 알리기도 하였다. 따라서 신발코는 항상 방을 향하도록 하는 것이 좋다.

○ 현관문에 우유 주머니 걸어두면 안된다.

우유 주머니는 새로운 일을 시작하는 것을 상징하는데, 새로운 일을 시작하는 주체가 집안 내부에 있는 것이 당연한 일인데, 우유 주머니를 현관문에 걸어 놓으면 새로운 일을 시작하는 것이 집안 내부가 아닌 바깥에서 일어나는 것으로 해석될 수 있어 이는 풍수상 집안의 운을 나쁘게 만들어 좋지 않다.

또한 현관문에 우유 주머니가 걸려 있으면 그 집안이 끼니조차 해결하지 못해서 굶주리고 있는 것으로 외부에 보여지게 되므로 치워야 한다. 그리고 현관문에 지저분한 광고지나 전단지 등이 붙어 있는 경우에는 그 집에 살고 있는 사람의 얼굴에 먹칠을 하는 것과 같아 깨끗하게 하는 것이 좋다.

따라서, 우유 주머니를 집안 내부에 놓거나 현관문과 떨어져 직접적으로 연결되지 않는 다른 곳에 놓는 것이 좋다. 즉, 현관문은 사람의 입처럼 항상 깨끗하게 유지하는 것이 풍수에 좋다.

○ 거울은 크지 않으면서 테두리가 있고 심플한 디자인이 좋다.

현관은 돈과 행운이 들어오고 나가는 곳으로서, 그곳에 무엇이 어떻게 놓여 있는가에 따라 집안의 화목한 분위기와 재물운에 영향을 준다. 따라서 현관은 항상 깨끗해야 좋은 기운을 받을 수 있다.

거울은 양의 기운이 강력한 물건으로 집안에 미치는 영향도 상당히 크다. 풍수에서는 거울이 집안의 기의 흐름을 가르는 이정표 역할을 한다고 한다. 현관의 거울은 너무 화려하거나 큰 것은 피하는 것이 좋으며 테두리가 있으면서 심플한 디자인이 좋다.

현관에 전신거울은 사람의 기운을 빼앗아가는 경향이 있다. 전신거울은 치우는 것이 가장 좋은데 구조상 어찌할 수 없는 경우에는 화분이나 그림 등을 이용해 전신거울의 절반 정도를 가려 주는 것이 풍수상 좋다.

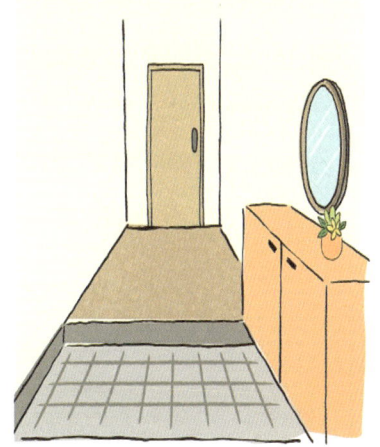

집안 내부에서 현관을 볼 때 거울이 좌측에 있으면 집안의 재물운이 상승하는 데 도움이

되며, 거울이 우측에 있으면 애정운과 명예운을 끌어 올리는 데 좋다. 그러나 거울이 좌측과 우측에서 서로 마주하게 되면 서로 충돌하여 집안에 좋지 않은 일이 자주 발생하게 되는 경우가 있어 양쪽에는 동시에 두지 않아야 한다.

○ 바퀴 달린 물건은 현관이 아닌 창고나 다용도실에 보관해야 한다.

현대식 아파트 현관은 비교적 면적이 넓어 편리성 때문에 자전거, 유모차, 킥보드 등의 바퀴 달린 물건들을 이곳에 놓고 사용하는데 이것은 풍수상 좋지 않기 때문에 창고나, 다용도실 등에 따로 보관해야 한다.

왜냐하면 바퀴 달린 물건은 양의 기운이 많이 있으며 이러한 성질은 재물이 집안에 쌓이지 않고 바깥으로 나가게 만들고, 집안에 크고 작은 사고가 자주 발생하게 되어 결국 화목하고 평안한 가정 분위기를 망치게 하기 때문이다. 따라서 이러한 바퀴 달린 물건들은 별도로 창고나 베란다, 다용도실 등에 보관하는 것이 좋다.

○ 골프가방, 젖은 우산 현관에 두면 절대 안 된다.

골프가방, 젖은 우산 등은 외부에서 사용하여 바깥의 기운이 걸러지지 않고 나쁜 기운까지 섞여서 집안으로 같이 들어오는 경우가 많아 이를 현관에 보관하는 것은 좋지 않다.

골프가방은 골프장이나 카트 등에서 더러운 이물질이나 오염된 땅 등이 골프 가방에 묻어 있는데 그러한 것들을 행운과 재물이 드나드는 현관에 방치 해두는 것은 풍수에 좋지 않다.

젖은 우산은 축축하고 습한 기운으로 전형적인 음의 기운을 가지고 있어 집안에서 음의 기운이 가장 많은 현관에 우산을 보관하는 것은 풍수상 좋지 않다. 또한 젖은 우산을 현관에 보관하면 초대하지 않은 손님이 방문하는 수가 있어 피하는 것이 좋다.

즉, 골프가방이나 우산은 사용 후 바로 집안으로 들이지 말고 외부에서 바깥 기운이 빠지거나 햇빛에 바짝 말리고 나서 창고나 다용도실 등에 보관해야 한다.

○ 챗 GPT에서 조사한 내용들은 마른 꽃, 가시나무, 까마귀 모형 등 대부분 부정적인 장식품이나 물건들은 풍수상 현관에 있으면 좋지 않다고 하는데 이는 필자도 옳다고 본다. 그러나 쓰레기통을 현관에 두는 집은 거의 찾아보기 힘든데 이는 생성형 GPT의 특성상 인위적으로 만들어진 것으로 독자들께서도 이러한 부분들은 감안해서 챗 GPT를 활용하였으면 좋겠다.

 풍수상 현관에 있으면 좋지 않은 것

1. 마른 꽃: 마른 꽃은 죽음이나 고독을 상징하기 때문에, 현관에 놓으면 우울한 기운이 유입될 수 있다.

2. 까마귀 모형: 까마귀는 죽음을 상징하므로, 까마귀 모형이나 괴짜한 동물 모형 등은 현관에 놓으면 우울한 기운을 불러일으킬 수 있다.

3. 가시나무: 가시나무는 날카로운 가시가 있어서, 사람들이 지나갈 때 다치거나 부상을 입을 수 있기 때문에 현관에 놓으면 좋지 않다.

4. 무거운 조각상: 현관에 무거운 조각상을 놓으면, 불길한 기운이 유입될 수 있나. 특히, 현관문 바로 옆에 놓으면 현관문이 잘 열리지 않을 수도 있다.

5. 차가운 색상의 조명: 차가운 색상의 조명은 우울한 느낌을 유발할 수 있으므로, 현관에 놓으면 좋지 않다.

6. 쓰레기통: 쓰레기통은 불쾌한 냄새가 나기 때문에, 현관에 놓으면 우울한 기운을 불러일으킬 수 있다.

제2장 집안의 기(氣) 발전소인 거실

아파트의 거실은 가족들이 함께 모여서 소통하는 공간이다. 소통을 통해 서로 이해의 폭이 넓어지고 식구들 사이의 관계도 좋아지게 된다. 필자의 생각은 예전의 밥상머리 교육이 거실 교육으로 옮겨져 집안의 좋은 전통을 이어 가는 것이 좋다고 본다.

풍수적인 관점에서 거실은 기의 흐름이 매우 활발하게 움직이는 지극히 동적인 공간이며, 또한 외부의 에너지를 모아서 발전하여 각 방으로 공급해 주는 역할을 하는 곳이다.

현관을 통하여 외부의 기운이 집 안으로 들어오고 거실에서 대류의 순환으로 안방, 공부방 등에 그 기운이 퍼지게 되는데, 이러한 기능이 제대로 되기 위해서는 거실의 온도를 썰렁한 느낌이 들지 않도록 항상 따뜻하게 하는 것이 중요하다.

거실은 활동적인 공간으로 그곳에서 잠을 자는 것은 건강에 좋지 않다. 잠은 정적인 상태에서 숙면을 취해야지, 양의 기운이 있는 곳에서 잠을 자면 피로도 안 풀리고 잠을 자도 숙면을 취했다는 느낌이 들지 않게 된다. 잠은 반드시 안방에서 자고 특히, 낮잠 역시 거실에서 자는 것은 좋지 않다.

거실의 의자나 소파 쿠션 등은 외로움을 느끼지 않도록 반드시 쌍으로 준비하고, 거실의 못 자국은 풍수상 흉터로서 나쁜 음의 기운을 부르기 때문에 거실에 못을 박는 것은 최소화하고 대신 접착제 등을 활용하는 것이 좋다.

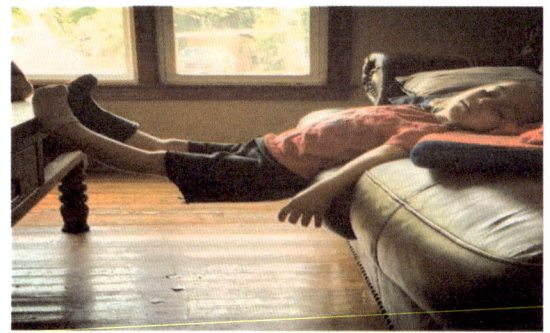

아파트 벽에 구멍 난 흔적

☞ 필자가 미국 MIT 부동산대학원에서 도시계획과 풍수지리 연구를 진행하면서 탐방하였던 상당수의 미국인 가정의 거실에는 못 자국을 발견할 수 없었고, 그나마 자국이 있던 자리에는 사진을 걸어두어 풍수상 흉터로 보이는 벽의 구멍들은 눈에 띄지 않았다. 새로운 집을 구하거나 이사 계획이 있는 독자분들은 미국이나, 국내 동일하게 거실에 너무 많은 그림이나 사진이 걸려 있는 집은 피하는 것이 좋고, 부득이한 경우에는 이러한 사유를 가지고 유리한 조건으로 가격 협상을 하는 것이 좋겠다.

○ 단란한 가족사진과 밝은색 그림을 걸어두면 좋다.

거실에 단란한 가족사진을 걸어두면 가족들이 무의식적으로 그 사진을 보게 되어 가정이 화목해지고 식구들 간의 불화나 다툼이 줄어들게 된다. 또한 이는 따뜻한 양의 기운이 있는 거실에 가족사진이 걸려 있으므로 가족의 사랑이 더욱 깊어지게 만드는 효과도 있다.

거실의 그림은 인물 중심의 초상화보다는 밝은색 계통의 산이나 붕어, 모란 꽃등 부귀와 명예를 상징하는 그림이 좋다. 또한 노란색 해바라기 그림은 그 씨앗이 다산을 상징하고 노란색은 부를 끌어들여 집안에 재물이 쌓이게 하여 좋다.

그리고 강에서 솟구쳐 오르는 등용문[登龍門][6]이 있는 잉어 그림은 물살을 거슬러 오르는 물고기의 습성을 표현하는 것으로 식구들이 진취적이고 도전적인 일

---

[6] 등용문은, <이응전>의 주해(註解)에 따르면 황하(黃河) 상류에 용문이라는 계곡이 있는데, 그 근처에 흐름이 매우 빠른 폭포가 있어 그 밑으로 큰 고기들이 수없이 모여들었으나 오르지 못하였으며, 만일 오르기만 하면 용이 된다고 하였다. 그 후 이 말은 과거에 급제(及第)하는 것을 가리키게 되었고, 오늘날에는 어려운 관문을 통과하여 출세의 문턱에 서는 일을 말하게 되었다. [네이버 지식백과]

을 하는 집에 도움이 된다.

○ 소파는 단색이며 쿠션은 화려한 컬러가 좋다.

거실의 소파는 편안하고 안락해야 한다. 소파의 크기가 집에 비하여 너무 크거나 고급스러우면 주인이 종노릇을 하는 것으로 주객이 전도되어 좋지 않다. 이러한 경우 집안의 하는 일이 매사 꼬이는 수가 많아지고 힘들여져서 화목한 분위기가 깨지거나 나빠지게 된다. 따라서 소파의 크기는 거실 규모에 따라 너무 크지 않고 저렴하면서 튼튼한 것으로 하는 것이 좋다.

소파의 재질은 천이나 부드러운 섬유질 소재가 좋다. 가죽 재질을 사용하여 만들어진 소파는 사람을 차갑고 냉철하게 하므로 비즈니스 회의실이나 업무용 공간에 적합하다. 그러나 이미 가죽 소파를 구입하여 집에서 사용하고 있는 경우에는 부드러운 소재의 쿠션을 소파 위에 놓는 것이 좋다. 또한 천 소재를 활용하여 가죽소파를 커버하면 거실을 좀 더 편안하고 부드러운 기운으로 채울 수 있다.

풍수에서 소파는 정적인 것으로 배산임수 성격을 띠고 있다. 그래서 소파의 색상은 존재감을 느낄 수 있도록 단색이나 무채색 계열의 색상이 좋다. 쿠션의 개수는 소파보다 1~2개 정도 많게 해서 소파의 음의 기운과 쿠션의 양의 기운이 조화와 균형을 이루도록 하는 것이 좋다.

쿠션은 동적인 성질로 소파의 정적인 성질과 대비 되도록 다양한 컬러로 생동감 있는 거실 분위기를 연출하는 것이 좋다. 소파 뒤에 산이나 풍경화 등의 그림을 걸어두면 거실 분위기가 한 층 더 안정감이 있어 편안한 공간이 만들어진다.

○ 탁자는 천연나무의 타원형이 좋다.

탁자는 거실의 기운을 그 재질과 모양에 따라 좋은 기운을 더 좋게 하기도 하고 나쁘게도 한다. 그렇기 때문에 탁자를 고를 때에는 신중하게 선택해야 한다. 아래 내용을 참고하여 거실 분위기를 화목하게 만들어 보기를 바란다.

탁자의 모양은 타원형이나 모가 나지 않은 둥근 형태로 하는 것이 좋다. 둥근 모양은 인간관계를 원만하게 만들어 좋은 기운을 상승시키는 데 도움을 준다. 그러

나 모서리가 각진 모양의 탁자는 사람을 예민하게 만드는 성질이 있어 피하는 것이 좋다.

탁자의 소재는 나무의 결이나 무늬가 살아 있는 천연나무를 사용한 것이 좋다. 부득이 현재 사용하는 탁자가 철재나 유리 재질로 만들어진 제품이라면 탁자와 유리 사이에 천으로 된 깔개 등을 깔아서 사용하는 것이 좋다. 왜냐하면 유리나 철재를 사용한 탁자는 차가운 성질이 있어 거실의 따뜻한 양의 기운의 흐름을 방해하기 때문이다.

○ 장식장에 책과 상장, 상패 등을 놓는 것이 좋다.

작은 장식장을 거실에 두어 주로 보는 책 몇 권과 가족들이 받은 상장이나 상패 등을 진열해 두면 좋다. 이는 가족들의 명예와 자존감을 높여주고 손님에게는 우리 집안의 분위기를 은연중에 보여주는 효과가 있다. 그러나 장식장이 너무 꽉 차 있으면 음의 에너지를 오랫동안 품고 있어서 공기의 순환을 방해하게 되어 좋지 않다.

거실은 어두운 음의 기운을 밝고 긍정적인 양의 기운으로 전환하는 곳이다. 따라서 거실의 벽지나 커튼은 항상 깨끗하게 관리하여 불쾌한 냄새가 나지 않도록 해야 한다. 거실 커튼의 컬러는 밝은 색을 선택하여 거실의 동적 기운을 끌어 올리게 하는 것이 거실 풍수에 좋다.

○ 적당한 크기의 나무나 화초를 키우는 것이 좋다.

거실에 살아있는 식물이 너무 많으면 건강에도 풍수에도 좋지 않다. 특히 나무가 사람보다 큰 경우는 나무가 좋은 기운을 가져가고 사람의 기를 누르게 된다, 차라리 큰 나무는 거실보나는 베란다 등에서 키우는 것이 좋다. 또한 거실에 나무를 너무 많이 키우면 야간에 광합성에서 나오는 CO_2 로 인하여 가족들의 건강에 안좋은 영향을 주게 된다.

거실에서 키우는 식물은 좋은 기운과 복을 부르는 잎이 넓은 활엽수가 좋다. 식물의 개수는 10평당 1개 정도로 조금 부족하다 싶은 정도가 좋다. 84㎡(구 33평형) 기준 3개 내외의 식물이 적당하다. 침엽수나 선인장 같은 식물은 그 잎이 뾰족해서 식구들이 예민해지고 신경질적인 성격으로 변하게 만든다. 이로 인해 식구들 사이에 갈등이나 다툼이 멈추지 않게 되므로 이런 식물은 키우지 않는 것이 좋다.

또한 거실에 반드시 피해야 하는 꽃은 투구꽃[7], 피마자(아주까리)[8] 등의 독성이 있는 식물이다. 이 꽃들의 독한 성분이 가족의 건강을 해치기 때문이다. 그리고 드라이플라워, 시든 꽃 등은 음의 기운으로 거실에 두지 않는 것이 좋다. 그러나 간혹 드라이플라워를 오래 간직하고 싶은 경우에는 거실에 두지 말고 종이 상자들을 이용해서 따로 보관하는 것이 좋다.

투구꽃

피마자, 아주까리

○ 베란다 확장은 가능하면 하지 않는 것이 좋다.

거실의 창문은 전면이 트여 따뜻한 빛이 잘 비치고 통풍이 잘되어 공기의 흐름이 원활하게 순환되는 것이 중요하다. 창문의 개수가 많으면 불필요한 지출을 초래하게 되고 집안이 경제적으로 곤란한 일을 겪는 수가 있다.

---

[7] 투구꽃
투구꽃은 그 모습이 아름다워 관상용으로 키우는 경우가 많다. 꽃 모양이 마치 로마 병사들의 투구와 비슷하다고 해 투구꽃이 됐다. 조선 시대 의문의 독살사건을 다룬 영화 '조선명탐정: 각시투구꽃의 비밀'에서 투구꽃은 사약으로 사용됐을 정도로 맹독성을 가지고 있다. 투구꽃의 독은 신경마비, 호흡곤란 등을 일으키는 것으로 알려져 있다. (출처: Google)

[8] 피마자(아주까리)
아주까리라고 불리는 피마자는 독성이 심한 경우 일주일가량 지속되는데, 보통 성인의 경우 피마자 씨앗 4~8개 정도면 이 같은 독성 작용을 일으킨다. 씨앗 외에도 열매가 터질 때 나오는 먼지는 알레르기 반응과 기침, 근육통, 호흡 곤란 등이 발생한다. (출처: Google)

거실에서 바라볼 때 차량이 끊임없이 이어지는 도로나 복잡한 교차로 그리고 경사진 커브길 등이 전면에서 바로 보이면 풍수상 좋지 않고. 거목이나 높은 건물 역시 피하는 것이 좋다. 거실에는 24시간 잔잔한 음악이 들리게 하는 것이 좋다.

베란다를 확장하면 가용 면적이 넓어지는 장점은 있으나, 아파트 외벽마감재보다 유리가 외부의 기운을 막아내지 못하고 당초 설계 시 고려하였던 여러 가지 요소들에도 좋지 않은 영향을 주게 되므로 베란다 확장은 하지 않는 것이 좋다.

○ 챗 GPT에서 조사한 풍수에 좋은 거실 분위기는 일반적인 내용으로 자연광, 공기 순환, 적절한 온도 유지 등으로 필자가 언급한 범주에서 크게 벗어나지 않고 있다. 다만 추가적으로 베란다 확장이라든지 사람 키보다 큰 나무, 독성 있는 식물 등에 대한 내용은 독자분들이 한 번 더 주의를 기울이기를 바란다.

챗 GPT의 풍수에 좋은 거실 분위기

1. 밝은 자연광: 거실 안으로 자연광이 잘 들어오는 것이 좋다. 특히, 창문을 통해 들어오는 동서방향의 햇빛은 길운과 풍요, 행운을 불러일으키기 때문이다.

2. 공기 순환: 거실 안의 공기가 잘 순환되어야 한다. 이를 위해 창문이나 환풍기를 통해 신선한 공기를 유지하는 것이 좋다.

3. 적절한 온도: 적절한 온도를 유지해야 한다. 너무 더운 것은 체력을 약화시키고, 너무 추운 것은 체력을 소모하기 때문이다.

4. 산뜻한 냄새: 거실 안에서는 산뜻한 냄새를 유지하는 것이 좋다. 적절한 향기의 캔들이나 방향제 등을 사용하면 좋다.

5. 자연소재: 거실 안에 자연소재가 많으면 풍수적으로 좋다. 나무, 돌, 물 등의 자연소재가 풍수적으로 길운을 가져다주기 때문이다.

6. 깨끗하고 정돈된 분위기: 거실 안이 깨끗하고 정돈되어 있으면 길운을 불러올 수 있다. 불필요한 물건들은 정리하고, 깨끗하게 청소하는 것이 필요하다.

제3장 행복의 보금자리인 안방

○ 나의 얼굴이며 집안의 중심은 안방이다.

안방은 집안의 중심이 되는 장소로 나의 얼굴이라고 할 수 있다. 집안에서 생기가 가장 많이 머무르며 우리의 몸이 휴식을 취하고 에너지를 충전하는 곳이다. 따라서 안방은 편안하고 안정된 분위기에서 좋은 기운을 받아들이는 곳이 되어야 한다.

안방의 분위기는 거실처럼 밝은 것보다는 조금은 어두운 것이 좋다. 왜냐하면 어느 정도 어두운 곳에서 재물이 쌓이며 집안의 금전운도 상승하기 때문이다.

또한 안방의 출입문을 통하여 인간관계가 이어지고 사업운도 트여 돈이 들어오게 되며, 창문으로는 자연의 생기가 들어와 창의적인 사고가 가능하고 건강을 유지하는 데 도움을 준다.

○ 침대는 문충살9)을 피하고 동남향으로 하면 좋다.

안방의 침대는 재물운을 상승시키는 곳으로, 문에서 대각선 방향으로 정하는 것이 좋다. 침대의 방향은 남쪽이나 동남쪽 방향으로 정하여 아침의 따뜻한 햇살을 충분히 받을 수 있도록 해야 한다. 따뜻한 아침 햇살은 사람의 감정이나 행동, 기분 등의 조절에 관여하는 세라토닌 분비를 촉진시켜 우울증이나 불안증세를 완화시켜 주고 well-being, 행복감 등 삶의 만족도를 높여준다.

현관문을 열었을 때 안방의 문이 곧바로 보이는 것은 풍수상 좋지 않다. 외부의 기운이 직접 안방 침실로 들어오게 되어 안방의 편안하고 안정된 분위기를 깨트리기 때문이다. 또한 안방 문과 화장실 문이 서로 마주하게 되면 문충살이 생겨서 부부간의 충돌이 자주 발생하므로 어떠한 문이든 문끼리의 충돌은 피하는 것이 좋다.

○ 침대의 헤드는 보통 이상의 크기가 좋다.

침실은 아늑하고 따뜻하게 엄마 품처럼 포근하고 편안해야 한다. 침대는 목재로 만든 것이 좋다. 침대의 문양은 굴곡이 많은 것은 피하는 것이 좋은데 굴곡 문양의 침대는 사람의 성격을 우유부단하게 만들어 성공과는 점점 멀어지게 한다.

침대 헤드의 프레임은 튼튼하고 헤드가 매트리스보다 어느 정도 높은 것이 좋다. 높은 프레임은 잠자는 사람의 머리의 뒤쪽에서 든든한 배경이 되고, 후원자 역할을 하여 잠을 자는 동안 안정감을 주어 숙면을 취하게 한다.

---

9) 문충살
　문과 문이 서로 마주 바라보는 것이 문충살이다. 현관문을 열고 들어올 때 화장실이나 안방이 보이거나, 안방에서 문을 열었을 때 주방에 화덕이 보이는 것은 좋지 않다. 그리고 안방과 자식의 방이 문충살 이면 서로 자식관계가 안 좋다고 하며, 안방과 주방 가스레인지가 마주 보인다면 안방의 집주인 중 남편이나 아내 건강이 안 좋다고 한다. (출처: 네이버)

잠을 잘 때에는 머리맡 뒤쪽으로 벽이 있는 것이 좋다. 그래서 침대의 헤드는 벽에 붙여 두는 것이 좋다. 그러나 침대가 양쪽 벽에 붙으면 의타심 생겨 좋지 않다. 침대 아래쪽은 물건을 두지 않고 뚫려 있어야 공기의 순환이 원활하게 이루어진다.

※ 집안의 좋은 기운을 부르는 것은 안방 침실 정리에서부터 시작된다.

하버드대학 연구 자료에 따르면 미국 백만장자의 공통된 습관은 "아침의 침구 정리"였다.

따라서, 침대는 항상 깨끗하게 관리하고 이불은 사용할 때만 펼쳐 놓는 게 좋다.

○ 안방에는 다정한 부부 사진만

안방의 주인은 부부로서 안방의 공간을 부부 중심으로 꾸미는 것이 좋다. 그래서 안방에는 다정한 부부 사진만 걸어두는 것이 가장 좋다. 부부 이외 손녀나 손자, 결혼사진 등은 거실에 두는 것이 좋다. 안방이 지저분하고 어수선하면 자녀들에게 좋지 않은 일이 생기게 된다. 따라서 안방은 항상 정리되고 청결한 상태를 유지해야 한다. 또한 대형 사진이나 액자, 시계 등은 머리맡에 두지 말고 한쪽에 두는 것이 좋다. 머리 위의 공간에 여러 가지 물건들을 놓아두면 머리가 복잡해져서 건강에도 좋지 않다.

○ 드라이플라워는 치우고 작은 식물을 키우는 것이 좋다.

안방에 살아있는 식물을 키우는 것은 풍수 뿐만 아니라 건강에도 좋지 않은데, 그래도 키우고 싶다면 뾰족하지 않고 크지 않은 작은 화분이 좋다.

살아있는 식물은 사람이 자는 동안 생성된 좋은 에너지와 기운을 식물이 빼앗아 간다. 또한 야간에 식물이 광합성을 하는 동안 산소를 소비하고 작지만 CO_2 의 나쁜 독을 생성시켜 사람의 건강을 해치게 된다.

그리고 사(死)의 기운이 있는 수석이나 드라이플라워도 역시 안방에 음의 기운을 발생시켜 두지 않는 것이 좋다.

○ 거울 대신 작은 시계를 두는 것이 좋다.

거울은 화(火)의 기운이 강한 물건으로 재물과 사랑이 샘처럼 솟아나는 음의 공간인 안방에는 적합하지 않아 보이지 않게 장롱 속 등으로 치우는 것이 좋다. 거울의 반사 작용 때문에 정서상 불안정하며 어지럽고 복잡한 감정을 느끼게 된다. 또한 잠을 자는 나의 모습이 거울에 비추어지게 되면 나의 기운을 거울이 흡수하여 잠자리가 불편하고 잠을 자도 잘 잤다는 느낌을 가질 수가 없다.

특히 침실의 전신거울은 잠자는 동안 수면에 방해를 주어 피로회복이 늦어지며 부부가 외도를 할 가능성이 있어 절대로 안방에 두어서는 안되는 것이다.

안방에는 작은 자명종 시계가 좋다. 시계가 너무 크면 사람이 시간의 노예가 되어 시간의 지배를 당하게 된다. 참고로 부엉이 시계는 재물운과 부와 명예를 상승하는 데 좋고, 뻐꾸기 소리가 나는 시계는 아침에 상쾌한 기분을 느끼게 하고 밝은 기운을 상승하게 하는 데 도움을 준다.

챗 GPT에서 조사한 풍수에 좋은 안방은 "안정적인 색상, 적정한 조명과 온도, 편안한 침구류 등"에 대해서 일반적인 내용을 확인할 수 있었다. 그러나 안방에 거울을 두는 것은 필자의 견해와 많은 차이를 보이고 있다. 거울은 사람을 긴장시키고 편안한 상태에 이르지 못하게 하는데 이를 안방에 두는 것은 옳지 않고 장롱이나 한 쪽 구석에 보관하는 것이 좋다고 본다.

챗 GPT에서 조사한 풍수에 좋은 안방

1. 안정적인 색상 - 안방의 색상은 편안하고 안정감을 줄 수 있도록 고민해보는 것이 좋다. 보통 연한 파스텔 톤과 중성적인 색상들이 좋은 선택이다.

2. 편안한 침구 - 잠을 자는 시간은 인생의 1/3을 차지한다는 것을 감안하면, 편안한 침구는 매우 중요하다. 부드러운 베개와 이불은 안방 분위기를 좋게 만들어줄 수 있다.

3. 적절한 조명 - 안방 조명은 밝기, 색상, 방향 등을 고려해 선택할 필요가 있다. 진한 색상의 램프는 안방 분위기를 어둡고 우울하게 만들 수 있으므로, 적절한 조명을 선택하는 것이 좋다.

4. 적절한 온도 - 안방의 온도는 편안하고 이완을 촉진할 수 있도록 유지해야 한다. 풍수 전문가들은 섭씨 20-22도가 이상적이라고 말한다.

5. 적절한 수면 환경 - 침실은 편안한 수면을 위한 환경을 조성해야 한다. 전자기기를 침실 밖으로 내보내고, 창문을 열어 환기를 시키는 것이 좋다.

6. 적절한 거울 배치 - 거울은 안방 분위기를 좋게 만들어 줄 뿐 아니라, 풍수적으로도 좋은 효과를 가져올 수 있다. 거울은 침대를 비추지 않도록 배치하는 것이 좋다.

제4장 건강과 재물을 키우는 주방

○ 주방의 깨끗함 정도에 따라 집안의 재물운이 결정된다.

주방은 가족의 건강과 행복에 직접적인 영향을 미쳐서, 집안의 금전운과 건강운을 결정하는 곳이다. 풍수에서 주방은 물과 불을 사용하고 칼과 같은 금(金)의 기운이 있는 것이 같이 있어 음양오행의 다양한 기운들이 서로 만나 충돌하는 장소이다.

그중에서 물을 가장 많이 사용하고 음의 기운이 가장 센 칼을 사용하는 장소가 주방이기 때문에 풍수에서는 양의 기운보다는 음의 기운이 더 강하다고 본다.

주방에 창문이 없으면 밝은 조명을 사용하여 양의 기운을 채우는 것이 좋다. 창문이 있는 경우에는 밝은 채광을 이용하여 양의 기운은 올리고 음의 기운은 가라앉게 하여 음양의 조화와 균형을 이루도록 해야 한다. 주방이 아프면 가족이 아프다는 말이 있다. 가정이 건강하고 집안에 좋은 기운을 가득 채우기 위해서는 주방이 항상 청결하고 주방 기구들이 제 자리에 놓여 있어야 한다.

주방 기구는 주부의 성격과 특성을 감안하여 주부의 마음에 드는 것을 고르는 것이 좋다. 이렇게 하면 주부가 즐거운 기분으로 음식을 준비할 수 있고 기분이 좋은 상태에서 만들어진 음식은 가족들을 더욱더 건강하게 만든다.

○ 쌀통에 쌀을 보관하면 재물이 쌓이게 된다.

우리나라의 쌀 소비량은 갈수록 줄어들지만 그래도 쌀은 여전히 우리 식생활의 주식으로 자리하고 있다. 쌀은 인간이 시간과 정성을 쏟아부어야만 얻을 수 있는 노동력의 결정체이다. 이러한 쌀을 존중하는 의미로 쌀을 쌀통에 담아 보관하게 되면 조왕신10)의 복을 받아 집안에 재물이 쌓이고 식구들이 건강하고 행복하게 된다. 또한 재물이나 귀중한 것은 숨기고 명성이나 능력은 바깥으로 드러내는 것이 풍수의 기본이다. 집안에서 금고 역할을 하는 쌀통, 밥솥 등은 항상 뚜껑을 닫아 잘 보이지 않는 곳에 보관한다. 재물을 상징하는 쌀통이나 밥솥은 동남쪽에 두는 것이 좋고 쌀통은 소복하게 가득 담아서 재물을 담는 곳간이 비워지는 일이 없도록 해야 한다.

---

10) 조왕신 [부뚜막신]
조왕신을 복을 주는 신이라고 했다. 옛날에는 생계가 해결되지 않아서 야반도주하는 사람이 있었는데, 그를 쫓아오는 이가 있었는데 조왕신이었다. 부뚜막신이라 집주인을 따라 다닌다고 한다. 그가 조왕신을 원망하자 "아침마다 일찍 일어나서 부뚜막에서 물을 끓이라"고 했고, 여가가 늘어난 집주인은 손재주를 발휘해서 바구니를 만드는 수공업을 했다. 그때부터 집안 살림이 나아졌다. 조왕신은 아침에 연기를 타고 올라가서 상제께 복을 받아오는 일을 했다. 그런데 그동안은 집주인이 늦잠을 자니까 연기를 탈 수 없으니 복을 받아오지 못했던 것이다. (출처 : 최래옥 교수 『되는 집안은 가지 나무에 수박 열린다』)

○ 아카시아 꿀단지를 주방에 놓으면 금전운이 트인다.

주방에 붉은색 천위에 황금색 아카시아 꿀단지를 놓으면 재물운을 모아 집안 살림살이가 나아지게 된다. 꿀은 양의 기운이 강해서 부정하고 나쁜 것들은 멀리 사라지게 하며 주방의 음기를 중화시켜 음양오행의 조화와 균형을 이루게 한다. 또한 꿀은 꿀벌들의 부지런한 노동의 결과물로서 벌과 꿀이 늘어나 분봉하는 것처럼 꿀단지를 주방의 햇빛이 잘 드는 곳에 놓으면 식구가 늘고 집안의 금전적인 어려움을 해결하는 데 도움을 준다.

풍수상 어두운 색상의 밤꽃 꿀은 음의 기운이 많아 주방에 맞지 않고 양의 기운이 가득한 황금색 아카시아 꿀단지가 풍수상 좋다. 또한 꿀은 유통기한이 없을 정도로 양기가 강하고 햇빛이 가장 잘 들고 배산임수처럼 사람들이 명당이라고 하는 자연환경에 채취된다. 또한 서양에서도 오래전부터 웬만한 병은 꿀로 치료했다.

○ 가스레인지 뒤에 강화 거울을 설치하면 금전운이 2배가 된다.

한옥에서 아궁이는 조리와 난방을 위해 불을 때거나 재를 긁어내는 구멍으로 사용되었는데 아파트 구조에서는 가스레인지, 인덕션, 오븐 등이 그 역할을 대신하고 있다.

아궁이는 외부의 기운이 들어오는 통로이다. 그래서 아궁이의 방향과 위치 그리고 청결 상태에 따라 가족의 건강과 행복이 달라진다. 부자가 되는 첫 걸음은 가스레인지 주위를 깨끗이 청소하는 것부터 비롯된다는 것을 잊지 말아야 한다.

출처 : http://www.ibulgyo.com

※ 김삿갓의 아궁이 예찬

머리는 호랑이요 입은 고래 같으나 자세히 보면 범도 아니요 고래 또한 아니로다. 일꾼이 불만 잘 피워놓으면 호랑이도 고래도 구워 먹을 수 있겠구나. 옛 시인 김삿갓은 특유의 유머와 호방한 기개로 거대한 아궁이를 이렇게 노래하였다.

가스레인지나 인덕션의 화구는 불이 골고루 퍼지는 것이 좋고 고장 난 곳은 바로 수리해야 한다. 고장난 화구를 수리하지 않으면 재물운이 막히게 된다. 그리고 화구 뒤에 내열 강화거울을 설치하면 금전운이 2배로 늘어나는 효과가 있다. 전자레인지나 인덕션을 사용하지 않을 때 그 위에 물건을 놓으면 금전운을 막히게 되어 좋지 않다. 화구 주변은 불의 기운이 강하여 재물을 상징하는 지갑(金)이나 차키등을 근처에 놓으면 그것들을 녹여서 재물을 사라지게 해서 피하는 것이 좋다.

가스레인지와 씽크대는 수극화(水克火)로 상극으로서 나란히 두지 않는 것이 좋고. 씽크대의 물과 가스레인지 불이 정면으로 마주 보고 있으면 부부 사이에 다툼이 자주 일어난다. 이러한 경우 목의 성질을 가진 관엽식물을 중간에 놓거나 푸른색 또는 그린 색 천을 이용하여 가림막 역할을 하도록 하여 양의 기운과 음의 기운을 중화시키는 것이 필요하다.

또한 가스레인지가 하수도 위나 계단 밑에 있으면 돈이 자기도 모르게 새어 나가며, 천정의 보 밑에 있는 경우에는 기에 눌려서 재물운이 가라앉게 되어 피해야 한다.

☞ 챗 GPT의 "아궁이에 재물운이 들어온다는 이야기"

아궁이에 재물운이 들어온다는 전설은 '연기와 먼지 때문에 아궁이를 청소해야 한다'는 관습에서 비롯된 것으로 알려져 있다. 예전에는 난로에서 타는 나무의 연기와 먼지 때문에 아궁이가 더럽혀지고 먼지가 쌓이게 되어 청소가 필요했는데, 이때 아궁이에 쌓인 먼지를 청소하면서 재물운이 들어올 수 있다는 믿음이 전해지게 되었다. 따라서, 아궁이에서 나는 연기와 먼지가 거슬리는 것과 재물운이 들어온다는 전설은 직접적인 연결이 있는 것이 아니라, 연기와 먼지 때문에 아궁이를 청소하는 관습에서 비롯된 것이다.

☞ 법정 스님의 아궁이 출처 : 법정스님 오두막 편지중

아궁이 방향에 따라 그을음의 양이 생긴다. 그을음이 적으면 부지런하고 그을음의 양이 많으면 일이 꼬이고 원활하지 못하다.

○ 나무 느낌의 타원형 식탁이 좋다.

식탁은 의자와 같이 사용하는 높은 탁자를 말하며 의자 없이 그냥 사용하는 낮은 탁자는 밥상이라고 한다. 식탁이 주방의 중앙에 위치하면 재물운을 상승시키는 데 좋고 또한 식탁이 거울에 비추어지면 집안의 부와 행복이 배가 되어 좋다.

식탁의 조명은 둥글고 밝은 조명기구나 따뜻한 백열전구를 사용하여 가족들이 마음의 안정과 차분한 느낌을 갖는 것이 좋다. 또한 식탁의 재질은 차가운 철재보다는 나무 재질이 좋다.

식탁의 모양은 상하 관계를 나타내는 직사각형보다는 원형이나 타원형의 식탁이 좋다. 원형 식탁은 벽에 붙여도 좋지만 사각형 식탁이 벽에 바짝 붙으면 공간의

이동이 불편하고 기의 순환에도 방해가 되어 피하는 것이 좋다. 또한 모서리가 있거나 각진 식탁은 집안 식구들이 타인으로부터 구설수에 오르거나 괜한 시비수가 생길 수 있어 반드시 피해야 한다.

식탁 위에는 아무것도 올려놓지 않는 것이 좋은데 식탁 위에 나이프, 포크 등의 뾰족한 물건들이 놓여 있으면 화목한 집안의 분위기가 깨지는 일이 발생할 수도 있다.

식탁 위에 약 봉투나 영양제 등은 치우는 것이 좋다. 식탁에서는 자연 재료로 만들어진 음식을 섭취하는 데 반하여 화학성분의 약이나 영양제가 그곳에 놓여 있다면, 음과 양의 부조화로 사람이 급체를 하거나 식사를 해도 배가 부르지 않은 느낌을 가지게 된다.

또한 약은 병을 치유하는 것으로 약 봉투가 보이면 질병을 안고 살아가게 될 수 있어 약 봉투는 제거하여 따로 약통에 넣어 보관하는 것이 좋다.

○ 부엌칼이나 가위는 눈에 보이지 않는 곳에 보관해야 한다.

부엌칼은 음의 기운이 강하며 날카로운 칼날은 때로는 양의 기운을 자르거나 찍어내기도 한다. 또한 예리한 칼날에 사람이 다치기도 한다. 칼은 언젠가는 해를 끼칠 수 있어 항상 주의해서 다루고 안전하게 보관해야 한다. 눈에 칼날이 자주 보이면 금전 고민이 끊이질 않고 칼을 눈앞에 두고 생활하게 되면 심리적으로 불안한 마음이 화를 불러들여서 팔자에 없는 마음고생을 하게 된다. 칼이나 가위 등을 그냥 씽크대에 정돈해 놓지 않으면 일이 꼬이거나 시끄러운 일에 휘말리는 경우 생겨 칼은 눈에 잘 띄지 않는 곳에 정돈하여 보관해야 한다. 녹슨 칼은 집안을 망하게 하거나 나쁜 기운을 불러올 수 있으니 바로 치우는 것이 좋다.

또한 칼끝의 방향이 아래로 향하도록 하면 부부 사이의 관계나 가족 간의 충돌이 줄어들어 화목하고 단란한 가정을 이루어 가는 데 도움이 된다. 칼이나 가위 등을 다른 사람이 사주는 것은 그 사람의 기운까지 묻어와서 살기가 들 수 있으니 피하는 것이 좋다. 칼이나 가위 등은 사용하는 사람이 직접 골라 돈 주고 구입하여 사용하는 것이 좋다. 즉 칼이나 가위 등은 타인에게 주지도 받지도 않는게 가장 좋다.

風水地理 주방 Check Ponit

○ 부엌이 지저분하고 흉하면 이상한 질병이 발생하고 깨끗하고 청결하면 좋은 기운이 들어오고 자손이 번성하게 된다.

○ 주방은 음의 기운으로 항상 밝게 하여 양의 기운을 보충 하는 것이 좋다. 주

방에서 전등이 주부의 머리 위에 있으면 좋지 않은 살을 주고, 의자 위에 있는 전등도 좋지 않아 피하는 것이 좋다

○ 주방에서 불 위쪽에 물(정수기 등) 있으면 여자가 질병이 발생하는 경우가 많다.

○ 전자레인지와 냉장고가 가까이 있으면 돈이 헤프게 나가고, 집안에 시끄러운 소리가 자주 난다. 또한 가전제품의 전기선이 꼬여 있으며 집안이 점점 가난해진다.

 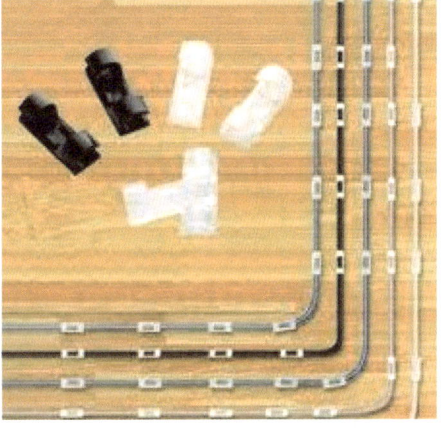

○ 주방의 그릇은 좋은 기운과 복을 담는 역할을 한다. 따라서 그릇은 세워두거나 엎어 놓지 않도록 해야 한다. 그릇을 엎어 놓는 것은 더 이상 복을 받지 않겠다는 의미로 그릇은 항상 방향이 위로 향하도록 보관해야 한다.

○ 주걱이나 숟가락은 가스레인지 주변을 피해서 보관하고, 주걱을 눕혀 놓거나 뒤집어서 보관하면 복이 모르는 사이에 새어 나가게 된다. 주걱은 반듯하게 세워서 아래를 향하게 보관한다. 조리도구는 서랍에 눕혀서 보관하고, 수저나 포크 등의 금속제품을 세워서 보관하면 인간관계에 트러블이 생긴다.

○ 씽크대 바닥이 차가우면 주부에게 차가운 기운을 주어 좋지 않다. 따뜻한 순면 재질의 매트를 깔아 따뜻한 양의 기운이 주부에게 영향을 주어 음식에 전달되도록 하는 것이 좋다.

○ 씽크대는 항상 건조하게 관리하고 음식물 쓰레기는 바로바로 치우는 것이 좋다. 씽크대에 설거지가 쌓이면 집안에 근심 걱정이 끊이질 않게 된다. 물의 수압은 복이 들어오는 강도로 수압은 높을수록 좋으며 수압이 낮으면 높이는 조치를 취해야 한다.

○ 씽크대를 통해 들어오는 물은 재물이 들어오는 곳으로 얼룩이 생기지 않도록 항상 깨끗하게 청소한다. 이곳이 더러우면 재물이 들어오는 곳에 더러움이 같이 들어오게 된다.

○ 식기를 세척하고 건조대에 오랫동안 식기를 놓아두면 구설수가 따르며 또한 그 곳에 행주를 덮어 두면 집 안으로 들어오는 금전운을 막는 역할을 하게 된다.

○ 식기는 가족들이 자존감을 갖도록 밥그릇 국그릇을 별도로 구분하여 사용하는 것이 좋다. 평소 식기는 가족들이 사용하는 것만 꺼내어 놓고, 하얀색 천이나 종이를 깔아서 식기를 보관하여 가족 스스로가 존중받고 있다는 느낌을 가지게 하는 것이 좋다.

○ 주방의 식기는 모든 것을 흡수하는 성질을 가지고 있는 나무 식기가 좋다. 스테인리스 식기는 찬 기운이 있어 음식의 따뜻한 기운을 빼앗아 재물이나 건강의 기운을 약하게 한다.

○ 냉장고에 중국집, 음식점 등의 지저분한 스티커가 붙어 있으면 잡귀가 붙어 집안에 구설수가 생겨 좋지 않다. 이러한 것들은 냉장고에 붙이지 말고 따로 보관하는 것이 좋다. 그래도 붙인다면 냉장고 정면보다 옆면에 가지런하게 부착하는 것이 좋다.

○ 냉장고의 고기는 종류별로 (육류, 해산물, 조류등) 다르게 하여 육,해,공 칸을 분리하여 보관하는 것이 좋다. 또한 냉장고 안이 너무 꽉 차면 금전적인 어려움이 발생한다.

챗 GPT에서 조사한 풍수에 좋은 주방은 충분한 환기와 적정온도 유지 그리고 체계적인 주방의 정리정돈에 대해 이야기하고 있는데, 이러한 내용은 독자들도 어느 정도 알고 있는 정보라고 판단되며, 역시 실행의 문제가 더 크다는 생각을 하게 된다. 집안의 건강과 재물운을 관장하는 주방에 대해 좀더 신경써서 청결하게 관리할 것을 강조한다.

챗 GPT에서 조사한 주방에 좋은 풍수

1. 깨끗하고 체계적인 분위기 - 주방에서는 깨끗하고 체계적인 분위기를 유지해야 한다. 불필요한 물건들은 정리하고, 필요한 물건들만 간소화하여 사용하는 것이 좋다.

2. 자연광 - 많은 양의 자연광이 들어오는 주방은 풍수적으로 좋다. 창문이 크고 계속 열어두어야 할 경우, 확실한 화재 예방 조치를 취해야 한다.

3. 공기 순환 - 건강한 생활 공간을 위해서는 좋은 공기순환이 필수이다. 주방 환기를 위해 창문을 열거나 환기 시스템을 사용하는 것이 좋다.

4. 적절한 조명 - 조명은 주방 분위기를 좋게 만들어줄 수 있는 중요한 요소 중 하나이다. 밝은 조명은 주방 분위기를 상승시키지만, 너무 강한 조명은 반대로 피로감을 유발할 수 있다.

5. 적절한 온도 - 주방의 온도는 요리를 하기 좋은 적정 온도로 유지해야 한다. 풍수 전문가들은 18~24℃가 이상적이라고 말한다.

6. 적절한 색상 - 주방의 색상은 편안하고 안정감을 줄 수 있도록 고민할 필요가 있다. 밝은 색상은 주방 분위기를 상승시키고, 어두운 색상은 주방 분위기를 어둡고 우울하게 만들 수 있다.

제5장 집안의 보물창고인 화장실

○ 재물운과 건강운의 시작은 화장실이다.

화장실은 집안의 재물운과 건강운이 시작되는 곳으로서 이곳에서 독소를 바깥으로 내보내고 집안의 음의 기운을 양의 기운으로 바꾸게 된다. 풍수상 화장실은 집안의 보물이 쌓이는 창고로 본다. 화장실에 음의 기운이 많이 쌓이게 되면 양의 기운을 약화시켜 좋지 않다. 이런 경우에는 음의 기운을 눌러서 재물운이 들어오게 해야 한다. 진정한 부자는 화장실 부자라고 한다. 유명호텔이나 백화점, 대기업 등의 화장실이 가장 깨끗한 이유가 바로 여기에 있다.

○ 화장실 바닥에 난방을 설치하는 것이 좋다.

화장실은 물기가 많고 습도가 높아 차갑고 음습한 음의 기운이 많은 곳이다. 음의 기운을 양의 기운으로 바꾸기 위해서는 화장실 바닥에 난방을 하면 좋다. 또한 부엌, 목욕실, 화장실 등의 바닥이 차가우면 수(水)의 기운이 강해져 집안이 쇠락하고 재물운이 마르게 된다.

또한 화장실 바닥의 싸늘하고 차가운 기운은 사람을 긴장시키는 흉살로서 살기를 띠어 자살을 충동질하게 한다. 이러한 기운이 안방으로 들어가면 풍병, 악몽, 만성 피로 등에 시달리게 되고 부부싸움을 자주 하게 때문에 화장실 바닥을 따뜻하게 하는 것이 좋다.

○ 화장품은 유리나 도자기 용기에 담아 사용하는 것이 좋다.

화장실의 수건은 밝은색 계열의 노란색이나 빨간색 수건을 사용하여 화장실을 양의 기운으로 채울 필요가 있다. 화장실에서 어두운 색의 수건은 피하는 것이 좋다. 또한 젖은 수건은 화장실의 음습하며 나쁜 냄새가 나서 음의 기운을 증가시켜 좋지 않다.

화장실에서 불의 기운을 가진 화장품 등의 플라스틱 용기 제품을 사용하는 것은 피하는 것이 좋다. 더구나 습기가 많은 곳에서 플라스틱 제품을 사용하면 곰팡이나 세균 등이 생길 수 있고 피부에 트러블이 생길 수 있어 도자기나 유리 제품의 용기를 사용하는 것이 좋다. 화장실은 일상적으로 사용하는 물건들만 비치하여, 화장실 공간에 어느 정도 여유를 둠으로써 기가 원활하게 흐르도록 해서 재물이 자연스럽게 쌓이게 해야 한다.

화장실이 청결하지 않고 지저분할수록 집안의 돈이 나도 모르는 사이에 줄줄 새어 나가는 경우가 있으니 화장실은 항상 깨끗하고 청결한 상태를 유지하는 것이 좋다.

○ 세면대에 물때 끼는 일이 없도록 해야 한다.

화장실의 세면대는 재물운이 쌓이는 곳으로 항상 깨끗해야 한다. 세면대, 타일, 욕조에 물때가 끼어 있으면 집안 여자들이 괜한 미움을 받는 경우가 생기고 나쁜 물(水)의 기운으로 금전적 수입이 갈수록 줄어들게 된다.

또한 곰팡이나 지저분한 오염물질이 세면대에 있으면 식구들이 게을러지고, 얼룩진 거울이나 더러운 물건들은 식구들을 시비나 구설수에 오르게 한다. 또한 화장실 거울이 더러우면 연애운을 떨어뜨려 좋지 않으니 거울은 항상 깨끗하게 해야 한다.

물은 재물을 의미하며 물이 나오는 곳에서 재물운이 같이 따라 나온다. 물은 고이지 않고 흐르게 해서 좋은 기운과 재물이 자연스럽게 스며들게 해야 한다. 물은 재물을 불러 좋은데 그렇다고 욕조에 물을 너무 오래 두면 오히려 썩게 되어 좋지 않다. 또한 화장실의 변기나 욕조를 백색으로 하면 돈을 몰아주는 형상으로 풍수에 좋다.

○ 집안의 모든 뚜껑은 닫아 두어야 한다.

화장실 문이나 변기 뚜껑이 열려 있으면 음의 기운이 집안에 퍼져 식구들이 우울증, 불면증, 가위 눌림 등에 시달리게 되며, 이런 경우 피로가 누적되어 식구들의 정서가 불안정해지고 특별한 이유 없이 남들의 구설수에 오르게 되어 좋지 않다. 또한 항상 닫혀 있어야 할 것들이 열려 있으면 식구들이 일을 대할 때 건성으로 하는 마음이 생겨 좋지 않다. 그래서 모든 뚜껑은 항상 닫아 두는 것이 좋고 이는 또한 좋은 기운을 불러 모아 둔다는 것을 의미를 내포하기도 한다.

특히, 변기 뚜껑은 세균 덩어리의 결정체로서 항상 닫아 두어서 나쁜 기운이 나오지 않도록 해야 한다. 변기를 청소할 때 안쪽까지 깨끗하게 하면 미남 미녀가 나온다고 한다.

○ 위생용품이나 사용한 청소도구는 화장실 바깥에 보관해야 한다.

화장실에 여성의 생리용품을 놓고 사용하는 것은 위생상 좋지 않다. 여성의 생리용품은 속옷과도 같은 것으로 화장실보다는 옷장 등에 따로 보관하자. 또한 화장실은 나쁜 독을 빼는 곳으로 여기에 장시간 놓아둔 책은 곰팡이나 음기가 가득해서 좋지 않다.

또한 신문이나 휴대폰은 양의 기운이 강해서 습기와는 거리를 두어야 하며 이것들을 화장실에서 사용하면 건강에도 좋지 않고 질병을 초래하게 된다. 그리고 이러한 물건들이 음의 기운과 충돌하게 되면 식구들끼리 다툼과 갈등이 끊이질 않게 된다. 또한 청소용품들을 그대로 보관하는 경우가 있는데 위생상 좋지 않다.

화장실에서 사용한 청소도구에는 세균 덩어리와 찌꺼기 등이 그대로 묻어 있어 락스나 세제 등으로 깨끗하게 씻은 후 바짝 말려서 햇볕이 잘 드는 장소에 따로 보관하는 것이 위생에 좋다.

○ 식물과 달력을 화장실에 두면 안 된다.

화장실은 음의 기운이 가득하며 습한 공간이며, 또한 공간이 넓지 않아서 식물을 키우는 것은 그리 좋지 않다. 그곳에서 식물을 키우면 사람이 혼란스럽고 재물운에도 나쁘고, 또한 집안의 돈복이 새어 나가거나 식구들이 힘겨운 삶의 길을 걷게 된다.

또한 화장실에 달력을 걸어두는 것 역시 풍수상 좋지 않다. 달력은 밝은 내일을 암시하는데 음의 기운이 가득한 곳에 달력을 걸어두게 되면 집안에 어두운 미래를 암시하는 것으로 보여 화장실에는 달력을 걸어두지 않도록 해야 한다.

○ 일이 안 풀리면 화장실에 하루 정도 불 켜두면 좋아질 수 있다.

일이 잘 안 풀리거나 예상하지 못한 어려움에 마주치게 되는 경우에는 하루 정도 화장실에 불을 켜 놓는 것이 좋다. 이렇게 하면 화장실의 음의 기운을 양의

기운으로 전환하게 되어 일이 예상외로 잘 진행되는 경우가 있다.(전기요금 하루 3,000원 내외)

화장실에 밝은 조명을 하루 정도 켜두면 전기요금은 더 나올 수 있으나, 다른 방법보다 가장 저렴한 비용으로 물과 불의 상극을 이용하여 좋은 기운을 화장실에서 일어나게 할 수 있다.

현관에서 바로 보이는 곳의 화장실은 흉한 기운의 작용으로 집안을 망하게 하는 경우가 있어 반드시 피해야 한다. 또한 화장실 문과 대문이 정면으로 마주하게 되면 집안에 부스럼 병이나 민망한 일이 발생하며 북쪽의 화장실은 차가운 기운으로 뇌졸중이 올 수도 있다.

챗 GPT에서 조사한 풍수에 좋은 화장실은 청결과 환기의 중요성에 대한 내용이 주를 이루고 있다. 하지만 화장실 문이 안으로 열린다든지 배관에 대하여 언급한 것들은 이미 되어 있거나 손댈 수 없는 부분으로 이는 생성형 챗 GPT의 한계를 보여주는 것이라고 필자는 판단된다. 현명하신 독자분들은 위의 내용과 챗 GPT의 바른 내용을 참고하여 풍수에 좋은 화장실을 꾸미고 청결하게 하는 것이 좋을 것이다.

챗 GPT에서 조사한 풍수에 좋은 화장실

1. 화장실 문: 화장실 문이 열려 있으면 집 안의 긴장감을 완화시켜 흐름이 막힐 수 있다. 또한, 화장실 문이 반드시 내부로 열리도록 설치하는 것이 좋다.

2. 물의 흐름: 물이 화장실 안에서 자유롭게 흐르도록 배관이 깨끗하게 유지되어야 한다. 또한, 변기와 세면기, 샤워기 등의 위치가 물의 흐름에 영향을 미치므로 적절한 배치가 필요하다.

3. 환기: 화장실에서 습기와 냄새는 흐름을 막을 수 있으므로, 환기가 중요하다. 환기구를 설치하여 공기를 순환시키는 것이 좋다.

4. 적절한 조명: 화장실에서는 밝고 부드러운 조명을 사용하는 것이 좋다. 불필요한 어둠은 흐름을 막을 수 있다.

5. 정리정돈: 화장실에서는 불필요한 물건들을 정리 정돈하여 공간을 깨끗하고 쾌적하게 유지하는 것이 좋다

제6장 공부가 잘되는 "공부방 풍수"

○ 공부에 필요한 것들만 있도록 해야 한다.

집안에서 특정한 목적이 있는 장소는 화장실과 공부방이다. 공부에 방해가 되는 것은 치우는 것이 중요하며, 공부방에서는 공부에만 집중할 수 있도록 해야 한다. 공부방은 정돈되고 깨끗한 곳에서 밝은 미래를 준비할 수 있도록 생기(生氣) 있게 꾸며야 한다. 풍수상 공부방이 차가운 북쪽에 위치하면 아이의 성격이 차분해지고 안정된 상태에서 집중하여 공부하는 데 도움을 준다.

○ 책상은 약간 짙은 색으로 의자는 등받이 있는 것이 좋다.

공부방의 책상은 밝은 원목보다는 약간 어두운 계열의 철재가 섞인 나무 책상이 좋다. 밝은색 책상은 동적인 성질로 아이가 집중하지 못하고 자꾸 밖으로 나가려고 하기 때문에 이를 순화시켜서 정적인 성향으로 바꾸어줄 필요가 있다.

책장은 공부방의 분위기와 어울리게 나무색으로 하고 책장의 크기는 책상 높이 정도가 적당하다. 책장이 높이가 너무 크면 아이가 책장의 기에 눌려 운신의 폭이 좁아져 좋지 않다.

책상 위의 유리는 화(火)의 기운이 강해서 집중력을 분산시켜 좋지 않다. 또한 나무의 숨통을 닫아 기의 순환이 막게 되어 유리는 깔지 않는 게 좋다.

책상 의자는 허리가 뒤로 꺾이지 않도록 등받이 있는 것이 좋다. 또한 바퀴가 없고 등받이에 빈틈이 없어야 한다. 의자의 등받이에 빈 공간이 있으면 학생이 자신감을 상실하게 되어 좋지 않다. 그렇게 해야 학생이 공부하는 동안에는 어느 정도 불편을 감수해야 아이가 인내와 끈기를 가지고 공부를 할 수 있다.

○ 책상은 문과 마주 보며, 창문은 차분한 전경이 보이면 좋다.

공부방의 책상은 문을 마주 보는 위치가 좋다. 우리의 뇌는 무의식적으로 안전에 신경을 쓰고 있기 때문에, 내가 공부방을 통제할 수 있는 공간에서 안정감을 높이고 집중력 있게 공부할 수 있도록 한다. 이와 반대로 문을 등지게 되면 긴장감과 불안감으로 집중력이 떨어지게 된다.

즉 책상의 뒤쪽에 벽을 두고 있어야 안정적인 분위기에서 집중할 수 있다. 참고로 예전 선비들도 탁상의 위치를 문을 향하도록 해서 자기가 공간을 지배하면서 스스로 권위를 갖추었다. 책상이 천장의 대들보나 구부러진 곳의 아래에 있으면 아이에게 긴장감과 압박감을 줄 수 있고 이러한 불안정한 마음이 공부에 방해를 주게 되어 피하는 것이 좋다.

공부방에서 보이는 바깥 풍경은 공원이나 산 같이 차분하고 움직임이 작은 자연이 좋다. 차량이 많은 도로, 유흥업소, 시장 등 사람의 움직임이 많고 환경이 자주 바뀌는 것은 좋지 않다. 이런 창문은 짙은 색 계통의 커튼으로 가려 주는 것이 좋다.

또한 창문은 작은 것이 좋은데 이는 창문이 크면 아이가 공부에 집중을 못해 자꾸 딴 생각을 하게 되기 때문이다.

창 밖의 차분한 풍경과 복잡한 도로

○ 벽지 색깔과 화분이 집중력 향상에 많은 영향을 준다.

공부방의 벽지 색깔은 자녀가 마음에 드는 색상을 직접 선택하는 것이 좋다. 그렇지 않은 경우에는 흰색 베이지색이나 연녹색으로 해서 아이의 공부 습관과 신체 성장에 도움이 되는 벽지색을 선택하는 것이 좋다.

공부방에 작은 화분을 놓아두면 정서적인 안정감을 주어서 좋다. 밝은 컬러의 붉은색이나 노란색 꽃은 대뇌를 자극하여 자신감을 상승시켜 주고, 하얀색과 보라색 꽃은 시험에서 실수가 잦거나 미래에 대한 불안감을 가지고 있는 아이들에게 안정감을 주게 된다.

○ 책상 서랍에 문방사우 넣어 두면 학습 효과가 좋아진다.

아이의 책상 서랍에 문방사우11) "종이, 붓, 벼루, 먹" 중 한 가지라도 넣어 두면 아이의 학습효과가 좋아지게 된다. 또한 학업 관련 행운을 상징하는 甲자 모양의 옆으로 가는 게 그림을 공부방에 걸어두면 학업 성취에 좋은 기운을 북돋아 준다.

---

11) 문방사우 (文房四友) 예로부터 글공부를 좋아했던 선비들의 방에는 "문방사우"가 있었다. 문방사우란 종이, 붓, 벼루, 먹 등을 말하는데, 이것들을 친구처럼 가까이하라는 뜻이다. 그중 붓, 벼루, 먹은 백제와 신라 때의 유물이 남아 있을 정도로 오랫동안 사용해 왔다고 한다. [네이버 지식백과]

○ 공부하는 공간과 잠자는 공간은 분리해야 한다.

공부방 문을 열었을 때 침대가 바로 보이거나 책상에서 침대가 보이면 학생이 긴장이 풀리고 나태해져서 좋지 않다. 침대는 공부방 문에서 사선으로 대각선 방향이 좋다. 침실과 공부방을 따로 분리하는 것이 좋은데 여건상 그렇지 못하면 가림막을 사용하여 책상에서 침구가 보이지 않도록 해야 한다. 이는 침대가 주는 안정감이 집중력을 떨어지게 하고 아이가 침대의 유혹을 견디기 힘들게 하여 공부 의지를 꺾기 때문이다.

○ 공부와 관련 없는 것은 반드시 치워야 한다.

공부는 정신적, 물질적인 활동을 하는 것으로 공부방에서는 공부만 하는 전용 공간으로 사용하고 음식이나 간식 등은 먹지 않게 해야 한다. 공부방에 기념품이나 추억이 있는 사진 등은 집중력을 분산시켜 좋지 않다. 사진은 크지 않은 가족사진 하나 정도가 좋다. 또한 공부방에 구호나 슬로건은 피하는 것이 좋다.

챗 GPT에서 조사한 학생의 집중력 높이는 "공부방 풍수"에서 책상이나 환경 그리고 조명등은 충분히 설명이 가능하고 실제 활용하는 것이 좋다고 본다. 하지만 공부방에 은마루나 큰 바퀴의 물건의 풍수적인 물건을 놓는다는 것은 쉽게 이해가 되지 않고 또한 비과학적인 부분이라 판단되어 실제 활용하는 것은 좋지 않다고 필자는 생각하고 있다.

챗 GPT에서 조사한 학생의 집중력 높이는 "공부방 풍수"

1. 좋은 자리: 학생의 공부방은 조용하고, 잘 보이는 곳에 위치시키는 것이 좋다. 또한, 집안의 긴장감을 완화시키기 위해 문은 반드시 내부로 열리도록 설치하는 것이 좋다.

2. 좋은 책상: 책상은 학생의 몸에 맞게 선택하는 것이 좋다. 또한, 책상은 깨끗하고 정돈된 상태를 유지해야 하며, 책상 위에는 불필요한 물건을 놓지 않도록 해야 한다.

3. 좋은 조명: 공부방에서는 밝고 부드러운 조명을 사용하는 것이 좋다. 불필요한 어둠은 집중력을 떨어뜨리고, 눈의 피로를 유발할 수 있다.

4. 식물: 공부방에는 식물을 배치하여 자연의 에너지를 받아들이는 것이 좋다. 화분이나 식물이 자라기 쉬운 토분을 사용하여 배치하는 것이 좋다.

5. 색상: 공부방에서는 적절한 색상을 사용하는 것이 중요하다. 진한 색상은 긴장감을 높이고, 밝은 색상은 기분을 상쾌하게 유지하게 한다. 또한, 노란색은 집중력을 높이는 효과가 있으므로, 공부방에 사용하기 좋다.

6. 풍수물건: 공부방에서는 풍수물건을 배치하여 집안의 에너지를 조절하는 것이 좋다. 대표적으로는 은마루, 큰 장식 바퀴 등이 있다. 큰 장식 바퀴는 에너지의 흐름을 조절하는 역할을 하며, 집안의 에너지를 순환시켜주는 역할을 한다. 이것은 공부방에서도 마찬가지이다. 큰 장식 바퀴를 배치하면, 집안의 에너지가 자유롭게 흐르면서, 학생의 집중력을 높이는 효과를 가져올 수 있다.

7. 자연의 소리: 자연의 소리는 공부방에서 집중력을 높이는 데 좋은 영향을 준다. 바람소리, 물소리 등을 듣는 것이 좋다.

※ 전착후관(前窄後寬)

전착후관(前窄後寬)은 한국 전통 건축에서 사용되는 용어로, 건물의 출입구가 좁아야 하고 안으로 들어가면서 점점 넓어져야 재물이 나가지 않는다고 한다. 즉 집의 규모가 크더라도 상대적으로 입구가 작아야 한다는 것을 의미한다.

또한, 전착후관은 건물 내부의 에너지 흐름을 원활하게 하고, 공기 순화에도 도움이 되는데 외부의 병균과 정기, 그리고 생기와 사기가 섞인 공기가 갑자기 들어와서 내부의 공기와 섞이는 것을 방지하며, 집안 내부의 기운을 균형 있게 만든다.

현대의 아파트 설계에도 전착후관 개념을 적용하고 있는데, 현관문을 열고 들어설 때 복도 형식의 좁은 통로가 나타나게 하거나 또는 신발을 벗는 공간을 중심으로 내부가 바로 보이지 않도록 중문을 설치하는 것이 전착후관의 원리를 적용한 것이다.

이는 선조들이 대문을 통과해 마당으로 들어갔던 것처럼 현대에는 현관을 통과해 거실로 들어가는 것과 같다. 대문이 좁고 안으로 들어갈수록 넓어지는 배치는 어린아이의 한복에 매달아 놓은 복주머니처럼 들어가는 입구는 좁지만 그 안으로 들어갈수록 마음이 풍요로워지고 복이 가득 들어오게 하는 형상의 구조이기 때문이다.

※ 교보생명 창립자 정신(전착후관)

○ 필자가 한때 곁에서 보고 배웠던 존경하는 분의 기업가 정신을 풍수의 "전착후관" 측면에서 해석한 부분이다. 건물의 출입구가 좁고 안으로 들어갈수록 풍수에 좋듯이, 기업도 시작은 비록 초라하고 작지만 세월이 흐르면서 업력이 쌓이고 사세가 확장하여 크게 성장하는 모습이 바로 전착후관의 모습과 같은 것이라고 본다.

○ 대한교육보험(현 교보생명) 창립자 (故)신용호 선생님의 1958년 개업식 인사말 중 "길이 없으면, 길을 만들며 간다". 광복 이후 벌인 사업에서 신용호는 실패를 거듭했다. **"오늘 이 개업식을 초라하다고 서글퍼 하지 맙시다**. 선진국에서도 보험회사가 자리를 잡기까지 보통 50년이 걸립니다. 본인은 그 절반인 25년 이내에 우리 회사를 세계적인 회사로 만들겠습니다. 그리고 서울의 제일 좋은 자리에 사옥을 짓겠습니다." '대한교육보험 주식회사' 개업식에서 신 회장은 이렇게 약속했다. 그리고 …… (자료 INSIGHT KOREA 2017.10.31.)

1958년 8월7일 대한교육보험(現 교보생명) 개업식 ⇒ 교보생명 광화문 본사 사옥은 1986년 11월 19일에 준공

풍수지리 사자성어

- 경승관음(景勝觀音): 경치가 아름다운 곳에서는 기운이 좋아지는 효과가 있다고 믿어진다. 집안에서도 경치가 좋은 곳을 선택하여 기운을 좋게 만드는 것이 좋다는 의미이다.

- 대방길상(大方吉祥): 집안에서 넓고 깔끔한 공간을 만들어 기운이 흐르도록 하는 것이 중요하다는 의미이다. 넓은 공간은 기운이 흐르기 쉽고, 깔끔한 공간은 기운이 맑아져 좋은 상황을 만들 수 있다고 믿어진다.

- 무학도행(無學道行): 집안에서는 지식과 지혜를 추구하는 태도가 중요하다는 의미이다. 집안에서 지식과 지혜를 추구하고, 배우며, 발전하면 좋은 상황을 만들 수 있다고 믿어진다.

- 마음공손(心公淳): 집안에서는 마음이 공손하고, 상냥한 태도가 중요하다는 의미이다. 집안에서 상냥한 태도로 대하면, 기운이 상승하며, 좋은 상황이 발생할 가능성이 높아진다고 믿어진다.

- 진실친연(眞實親緣): 집안에서는 가족 간의 사랑과 소통이 중요하다는 의미이다. 가족 간의 사랑과 소통이 많으면, 기운이 흐르며, 좋은 상황을 만들 수 있다고 믿어진다.

- 목기화명(木氣和明): 집안에서는 나무의 기운이 흐르고, 밝고 환한 분위기를 만드는 것이 중요하다는 의미이다. 나무를 식물로서 배치하고, 밝고 환한 조명을 사용하는 것이 좋다고 믿어진다.

- 일월반야(日月般若): 집안에서는 일월과 같은 밝고, 고요한 분위기가 중요하다는 의미이다. 집안에서는 밝고, 고요한 분위기를 만들기 위해 조명과 장식을 활용하는 것이 좋다고 믿어진다.

- 유리처단(有利處斷): 집안에서는 상황을 분별하고, 대처하는 능력이 중요하다는 의미이다. 상황을 분별하고, 대처하는 능력이 높을수록 좋은 상황을 만들 수 있다고 믿어진다.

- 법연평등(法緣平等): 집안에서는 모든 물건과 가구가 동등하게 대우되어야 한다는 의미이다. 모든 물건과 가구가 동등하게 대우되면, 기운이 흐르며, 좋은 상황을 만들 수 있다고 믿어진다.

- 인의공연(仁義公演): 집안에서는 인과 의, 공과 업이 중요하다는 의미이다. 인과 의, 공과 업을 지키면, 기운이 흐르며, 좋은 상황을 만들 수 있다고 믿어진다.

풍수지리 속담

- "물은 산에서 내리고, 사람은 물가에서 산다."
  좋은 풍수적 환경은 물과 연관이 있으며, 인간의 삶과 밀접한 연관이 있다는 속담이다.

- "대청마루에 오르기 전에 청소부터 하라."
  좋은 결과를 얻기 위해서는 사전에 준비가 필요하며, 풍수적으로 좋은 위치와 구조를 갖추기 위해서는 사전에 청소와 정리가 필요하다는 속담이다.

- "천지인이 호흡하듯 수호가 함께하는 집"
  풍수적으로 좋은 집은 천지인과 함께 호흡하듯 수호가 함께하는 집이라는 속담이다.

- "물이 흐르는 곳은 길이 된다."
  풍수적으로 좋은 위치는 물이 흐르는 곳이며, 물이 흐르는 곳에서는 좋은 기운이 흐르게 된다는 속담이다.

- "먼저 자리를 잡으면 이익이 따른다."
  풍수적으로 좋은 위치와 구조를 갖춘 집은 먼저 자리를 잡으면 이익이 따르며, 그렇지 않으면 이익을 얻기 어렵다는 속담이다.

AI와
풍수지리

제 IV편
풍수지리 일반이론

제1장 음택(陰宅)풍수, 양택(陽宅)풍수

풍수는 자연환경과 인간의 거주 지역, 건축물의 위치, 방향, 인테리어 등을 조절하여 행운과 안정을 찾는 것이며, 이 두 가지 원리가 자연환경의 에너지를 이루고 있으며, 이를 조절하여 운을 개선하고 안정적인 생활을 돕는 목적으로 사용된다.

풍수에서 죽은 자의 무덤과 관련된 것을 음택(陰宅)풍수라 하고, 살아 있는 사람이 거주하는 집과 연관된 것을 양택(陽宅)풍수라고 한다. 풍수를 나무에 비유하면 뿌리와 줄기는 음택(陰宅)에 해당되고, 꽃과 열매는 양택(陽宅)이라고 할 수 있다.

○ 음택(陰宅)풍수

바람과 물로 대변되는 자연현상을 우리의 생활 속으로 끌어들인 풍수는 인간들의 삶이 좀 더 편안하고 안전한 삶을 살아갈 수 있도록 도움을 준다.

음택풍수에서 음(陰)은 흐린 것을 뜻하고, 택(宅)은 집을 뜻한다. 따라서 음택풍수는 집 안에서 보호하는 기운인 음양의 균형을 맞추어 불운을 피하고 좋은 기운을 끌어내어 쾌적하고 안정적인 생활환경을 만드는 것이다.

음택풍수는 죽은 자를 위한 무덤과 관련하여 죽은 자를 좋은 곳에 묻음으로써 후손에게 좋은 영향을 미친다는 점에서, 돌아가신 조상의 유골과 살아있는 후손이 같은 기가 서로 감응한다는 음택풍수의 이론적 근거가 되는 동기감응론과 밀접한 관련성이 있다.

나무의 줄기와 뿌리

○ 양택(陽宅)풍수

양택(陽宅)풍수란 살아 있는 사람과 관련하여 살고 있는 집터를 의미하는데. 풍수지리에서는 산 사람을 양(陽), 죽은 사람을 음(陰)이라 하여, 거기에 따른 주거지를 각각 양택(陽宅)·음택(陰宅)으로 구분한다.

양택은 주거풍수의 양기(陽基)로서 주택건축의 전반적인 것을 내용으로 한다. 즉, 주택과 사무실, 상가, 공장 등과 같이 살아 있는 사람이 사는 공간에서 양택풍수의 활용성이 있다. 양택풍수는 주택의 구성요소를 문,주,조{대문 [문 門·안방 [주 主]·부엌 [조 竈}의 양택 3요(要)라 하고, 이 요소의 방위가 서로 어울려야 좋다고 보았다.

양택 3요소를 정한 이유는, 대문에서 집 바깥 기류를 받아들이고, 부엌에서 더운 공기가 발생하여, 안방에 사람이 머물면서 집안의 움직이는 기류가 사람의 건강에 영향을 준다고 생각하였기 때문이다.

나무의 꽃과 열매

음택풍수와 양택풍수의 비교

구 분	대 상	영 향	차이점	발생 배경	비 고
양택풍수	산자	직접적	보국이 넓다. 혈이 큼	직접 관련	이기론 중심 논리 구성
음택풍수	죽은자	간접적	보국이 작다. 혈이 작음	관련성 적음	형세론 & 이기론

국토연구 제84권(2015. 3), 양택풍수와 음택풍수 논리 구성의 특징, 박정해

○ 장풍득수(藏風得水)

풍수지리라는 한지의 뜻을 풀이하면 자연의 바람과 물이(風水) 땅(地)의 모든 기운을 다스림(理)이 된다. 즉 바람과 물로 이루어진 생명체인 사람이 생명을 불어넣는 지기(地氣:땅 기운)를 살피는 것이다.

여기에서 '풍수'는 '바람을 막고 물을 얻는다'는 뜻으로 장풍득수(藏風得水)의 줄인 말이다. 바람을 가둔다는 장풍의 참뜻은 "살풍·악풍·흉풍·음풍" 등을 막고 생기가 도는 "온풍·미풍·훈풍·양풍" 등을 모으게 함을 이르며, 물을 얻음은 생명력의 원천을 확보한다는 의미이다.

○ 전통이자 하나의 문화이다.

풍수지리는 오래전부터 이어져 온 삶의 한 방식으로 인간의 역사와 경험이 축적되어 있으며, 그 안에 우리의 삶이 녹아있는 전통이자 하나의 문화이다. 풍수를 또 다른 측면에서는 하나의 믿음이라고 할 수도 있다. 왜냐하면 눈에 보이지 않는 기(氣)와 운(運)으로 이루어진 풍수를 사람의 의지로 그것을 느끼면서 긍정적인 습관의 변화를 통해 우리의 삶을 윤택하고 안락하게 만들어 주기 때문이다.

따라서 풍수지리는 사람의 무의식적인 심리를 끊임없이 자극하여 의식적인 행동 변화를 일으켜 안정적이고 긍정적인 에너지를 발산하여 인간의 발전된 삶을 만들어 가도록 하는 것이라고 본다.

○ 풍수지리 활용

풍수지리는 자연 지리적인 요소인 산, 강, 바다, 호수, 섬, 평야 등과 같은 지형적인 특징과 자연현상인 바람, 물, 불, 구름 등을 분석하여 인간의 건강, 행운, 성공 등에 영향을 미치는 요인으로 본다. 특히, 건축물의 위치와 방향, 물품의 배치, 개인의 사주 등과 같은 세부 사항들도 고려하며, 이를 바탕으로 최적의 조건을 찾아내는 것이 풍수지리의 역할이다.

또한 풍수지리는 건강, 재물, 성공 등 다양한 분야에서 응용된다. 에너지의 흐름을 조절하고, 물품의 배치를 조정하여 운을 좋게 하고, 사람의 건강과 안녕을 유지하는 곳에서도 풍수지리가 활용된다.

장풍 득수
(藏風 得水)

○ 풍수지리 4요소

인간의 운명에 영향을 주는 풍수지리의 요소로는 크게 4가지 정도로 나누어 볼 수 있는데, 첫째는 '기(氣)와 수(水)'이고, 둘째는 '용(龍)과 호(虎)'이며, 셋째로는 '방향(方向)'이며, 마지막으로 '사주(四柱)'가 그것이다.

- '기(氣)와 수(水)'

풍수지리 4가지 요소 중 '기(氣)와 수(水)'가 가장 중요하다. 기는 에너지를 나타내고 수는 흐름을 상징하는데, 이 두 가지 요소가 인간의 운명에 가장 큰 영향을 미치기 때문에 가장 중요한 요소이다.

- '용(龍)과 호(虎)'

'용(龍)과 호(虎)'라는 개념은, 용은 길이가 길고 고요하며, 호는 짧고 불안정하는 것을 상징한다. 용과 호는 각각 양성 에너지와 음성 에너지를 나타내며 용과 호의 상호작용 역시 인간의 운명에 영향 준다.

- '방향(方向)'

'방향(方向)'. 각 방향은 다른 에너지와 연관되어 있고 이를 바탕으로 건축물의 위치와 방향을 결정한다. 예를 들어, 남쪽은 태양이 열기와 연관되어 있으며, 북쪽은 차가운 기운과 연관되어 있다고 하겠다.

- '사주(四柱)'

마지막으로 '사주(四柱)'라는 개념은, 인간의 운명과 관련된 개인 정보로 태어난 연도, 월, 일, 시간으로 구성되어 있다. 사주를 통해 인간의 운명과 행운을 분석할 수 있으며, 이를 바탕으로 건축물의 위치와 방향 등을 결정하는 데 활용할 수 있다.

제2장 명당"터"의 조건

중국의 명나라 시대 양성(楊性)이라는 인물이 집필한 '양택삼요(陽宅三要)'에 따르면 사람이 거주하는 집은 배산임수(背山臨水, 산을 등져 낮은 곳으로 향하고 물을 가까이), 전저후고(前低後高, 앞은 낮고 뒤는 높게), 전착후관(前窄後寬, 앞은 좁고 뒤는 넓게)의 조건을 갖춘 터를 사람이 살기에 좋은 "터"라고 하였다.

○ 배산임수(背山臨水)

배산임수(背山臨水)는 좋은 풍수를 나타내는 조건 중 하나로서, 온화한 기운을 지니고 있으며, 산과 강에 둘러싸인 위치를 말한다. 이러한 지형의 풍수는 주변 경관과 잘 어우러져 자연스럽고 아름다운 풍경을 만들며, 생명력이 풍부하고 건강한 환경을 만들게 된다. 또한, 배산임수는 사람의 건강, 안락함, 안정성, 행운 등에 긍정적인 영향을 미치는데, 배는 물질적인 부와 재산, 그리고 사업 등을 상징하며, 산은 안정성과 집안의 안락함을 상징한다. 이러한 이유로, 배산임수는 풍수에서 중요한 역할을 하며, 집의 위치 선정이나 건축 디자인에 큰 영향을 미치고 있다.

배산임수(背山臨水)

○ 전저후고(前低後高)

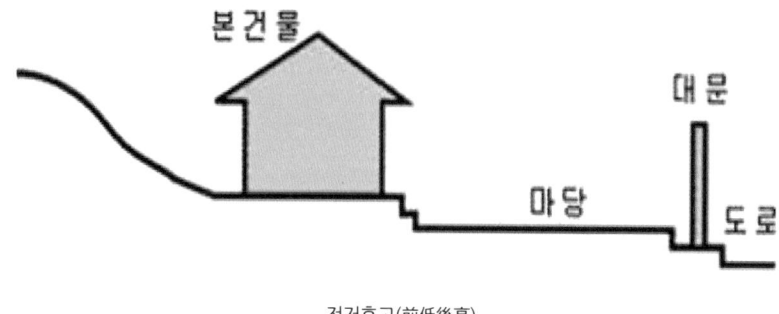

전저후고(前低後高)

전저후고(前低後高)는 앞쪽이 낮고, 뒤쪽이 높은 지형을 말하며, 집이나 건물을 지을 때 중요한 요소 중 하나이다. 이러한 지형은 풍수적으로 물의 흐름을 따라가는 것과 같아서 물이 앞으로 흐르면서 에너지를 충전하며, 건강과 행운을 가져다준다고 믿는다.

또한 낮은 부분은 물이 모이는 곳으로, 건강과 재산의 축적을 상징한다. 높은 부분은 태양의 에너지를 받아들이는 곳으로, 행운과 발전을 상징한다. 따라서, 전저후고의 지형은 건강과 행운을 함께 가져다주는 지형이다.

○ 전착후관(前窄後寬)

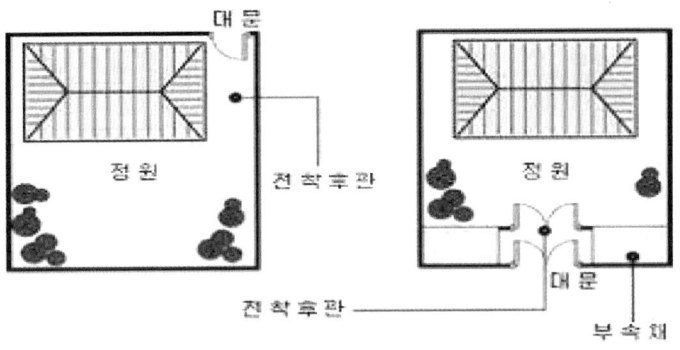

전착후관(前窄後寬)

전착후관(前窄後寬)은 지형의 넓이와 관련된 개념이다. '전착'은 앞쪽이 좁고, '후관'은 뒤쪽이 넓은 것을 의미한다. 이러한 지형은 풍수적으로 물의 흐름을 따라가는 것과 같아서 물이 좁은 부분을 흐르면서 기운을 모으고, 넓은 부분으로 흐르면서 기운을 퍼뜨리는 효과를 주는 것과 같은 이치이다.

또한, 전착후관의 지형은 건강과 안정성을 가져다준다. 좁은 부분은 어려움과 고민이 모여들고, 넓은 부분은 자유롭고 안락한 공간으로, 안정성과 건강을 상징한다. 이러한 이유로 전착후관의 지형은 건강하고 안정적인 삶을 가져다주는 것이다.

필자의 "명당 터"에 대한 생각은 단독주택의 경우에는 배산임수, 전저후고, 전착후관의 3요소가 도움이 많이 되지만, 현대 아파트 문화에서는 선택의 여지가 거의 없어 특별한 효용을 얻을 수 없다고 본다. 그러나 아파트를 매입하거나 이사하는 경우에는 이 책의 제Ⅱ편 "풍수지리에 좋은 아파트 외부환경" 부분을 같이 참고 한다면 현실적인 도움이 될 것이다.

※ 양택삼요(陽宅三要) 중 터

배산임수는 건강장수(健康長壽)하고, 전저후고는 세출영웅(世出英雄)하며 전착후관은 부귀여산(富貴如山)한다.

전광후착(前廣後窄)은 실인도주(失認逃走)하고 궁고불리(窮苦不利)하고 재단핍사(才短乏嗣)라 했다.

☞ 전착후관 부귀여산 이라는 말은 "앞이 좁고 뒤가 후덕하면 부귀가 산처럼" 쌓인다.

☞ 전광후착 실인도주는 앞이 넓고 뒤가 좁으면 명예와 재산을 잃고 도주한다.

전착후관(前窄後寬)은
부귀여산(富貴如山)
전광후착(前廣後窄)은
실인도주(失認逃走)

출처 : 경영자 풍수 (저자 : 안종선)

제3장 사주, 타로, 미신과 차이점

○ 풍수지리와 사주

풍수지리는 과학적인 이론과 원리를 바탕으로, 확률과 통계 등의 정보를 분석하여 인간의 삶의 방식을 개선하는 학문이며, 사주는 이름, 출생년월일, 시간 등을 바탕으로 천간(天干)과 지지(地支)를 이용하여 인간의 운명과 성격을 분석하는 학문이다.

풍수지리와 사주는 사람의 운명을 분석하고, 행운을 찾기 위해 자연현상과 우주의 에너지를 이용한다는 공통점이 있다. 그러나 풍수지리는 그 해석의 중심에 천지 음양을 두고 있으며, 사주는 그 중심을 개인으로 한다는 것에 차이가 있다.

사주가 정해진 운명을 탐구하는 학문이라면, 풍수지리는 숙명적인 부분을 개선하는 학문이다. 타고난 사람의 천성은 비슷하다고 보면 결국 습관의 차이가 사람에게 중요한 영향을 주어 삶의 차이를 만들게 된다. 따라서 풍수지리를 충분히 이해하고 생활에 적용하여 밝고 긍정적인 기운을 받아 건강하고 행복한 삶을 이루어 가는 것이 좋다.

참고로 사주는 사람의 길흉화복을 점치기 위하여 파악하는 출생한 연·월·일·시를 가리키는 종교용어이다. 사람을 하나의 집으로 비유하고 생년·생월·생일·생시를 그 집의 네 기둥이라고 보아 기둥 주(柱)자를 붙여 사주라 했다. 각각 10간과 12지에서 따온 글자를 두 글자씩 합하여 모두 여덟 자로 나타내므로 팔자라고도 한다.

즉 사주팔자에서 사주(四柱)는 말 그대로 네 개의 기둥을 의미하고 팔자(八字)는 여덟 글자를 의미한다. 이 여덟 글자가 모여서 네 개의 기둥을 이룬다고 해서 '사주팔자'라고 하는 것이다.

시	일	월	년	탄생일
時柱	日柱	月柱	年柱	四 柱
⑦	⑤	③	①	天 干
⑧	⑥	④	②	地 支
낮과밤	자전운동	계절	공전운동	運 行

사주팔자

<출처 : 사주팔자이해, 운명스테이>

○ 풍수지리와 타로

풍수지리와 타로는 모두 예술과 학문 중 하나로, 인간의 삶과 운명에 대한 이해와 해석에 큰 역할을 한다. 그러나 두 가지는 서로 다른 분야이며, 사용되는 도구나 방법 등이 많은 차이가 있다.

풍수지리는 인간이 사는 환경과 그 영향을 분석하여 건강하고 행복한 삶을 추구하는 것을 목표로 하는데, 타로는 카드를 이용하여 인간의 운명, 성격, 사랑, 직업, 재물 등을 분석하고 예측하는 예술이다. 타로카드는 각각의 카드마다 고유한 의미와 상징을 가지고 있으며, 이를 이용하여 질문자의 문제를 해결하고 인생의 방향을 제시하는 것을 목표로 한다.

한국의 8대 미신

출처: 네이버, 비주얼다이브

○ 풍수지리와 미신

풍수지리는 오래전부터 인간이 자연환경을 극복하고 생존하기 위한 내용을 들어 있으며 그러한 것들이 쌓여서 풍속이 되고 현대에 이르러 하나의 문화로 자리하고 있다. 따라서 인류의 문화로서 인식되고 받아들이기 때문에 미신이 될 수 없으며 쉽게 변하지 않고 오랜 세월 동안 흘러가면서 변화하고 정착의 과정을 거치며 발전하고 있다.

반면에 미신은 공포와 나약과 무지로부터 비롯된다고 한다. 대부분의 미신은 행복한 삶에 대한 염원이 담겨 있지만 맹신에 가까울 정도로 너무 많은 미신에 휘둘리기보다는 매사 긍정적인 마인드와 희망을 갖고 생활하는 것이 한층 더 중요하다고 본다.

제4장 음양오행(陰陽五行)

○ 음과 양 그리고 다섯 가지 원소

음양오행은 우주의 모든 것이 다섯 가지 원소(금, 나무, 물, 불, 흙)와 그것들의 상호작용에 의해 생성되고 유지되며 변화한다는 철학적 이론이다. '음(陰)'은 어둡고 부드러움을, '양(陽)'은 밝고 단단한 특성을 나타내며, '오행(五行)'은 금, 나무, 물, 불, 흙 다섯 가지 원소를 의미한다. 이러한 원소들은 서로 상호작용으로 세상의 모든 것을 만들어내고, 유지하며, 변화시키는 것이 음양오행의 원리라고 한다. 또한, 이들은 인간의 몸과 마음, 세상의 모든 사물에도 적용되며, 우리의 일상생활과 사업영역에도 영향을 준다. 예를 들어, 일상생활에서는 건강, 식생활, 의류, 주거, 방향 등을 이들 원소의 상호작용에 따라 결정하며, 사업 분야에서는 기업의 위치, 사무실 인테리어, 상품 생산, 마케팅 등에 활용된다고 보면 된다.

○ 음양(陰陽)이란 무엇인가

음양(陰陽)은 서로 상반되는 성질의 음과 양이라는 기운을 통하여 만물의 생성 변화를 만드는 기(氣)를 뜻하는데, 한 번은 음(陰)의 형태로 존재하고 또 한 번은 양(陽)의 형태로 변하는 것이 세상의 순리이다. 이를 일음일양지위도(一陰一陽之謂道)[12]라 한다.

---

[12] 일음일양지위도(一陰一陽之謂道)
음양오행 철학에서 중요한 개념 중 하나로, '하나의 어둠과 하나의 밝음이 바로 '도'라 불리는 것이다'라는 뜻이다. 이는 음과 양, 또는 부정과 긍정, 어둠과 밝음 등 상반되는 개념들이 서로 연결되어 하나를 이루고 있다는 것을 의미한다. 이 개념은 모든 것이 상반되는 개념들이 서로 균형을 이루어야만 세상이 조화롭게 발전할 수 있다는 것을 강조한다. 예를 들어, 인간의 몸도 양과 음, 밝음과 어둠, 따뜻함과 차가움 등 상반되는 개념들이 균형을 이루어야 건강하게 유지될 수 있다. 또한, 사회체제나 자연환경 등에도 이 개념이 적용되며, 양과 음, 상반되는 개념들이 균형을 이루어야 조화롭게 발전할 수 있다. <출처 : 챗 GPT>

음(陰)은 해가 구름 속에 들어가 가려지는 것으로 차가운 기운을 가지고 있는데. 이러한 차가운 기운은 무거워서 하강하고 수축하는 성질이 있다. 가을과 겨울이 여기에 해당되며, 음(陰)은 움직임이 없어 땅으로 보며 어머니와 같은 포근함과 안정감을 준다. 그리고 음은 어두운 기운으로 밤과 달로 보며, 음을 상징하는 것으로는 구름, 비, 음지, 북향, 뒷면, 여성상, (-) 등을 그 예로 들 수 있다.

음양 오행

〈꿈꾸는 지식 노마드 2017.4.3.〉

음양오행 중 양(陽)은 음(陰)과 반대되는 것으로 해가 구름을 뚫고 밖으로 나와서 따뜻한 기운이 있는데, 따뜻한 기운은 가벼워서 위로 향하는 성질을 가지고 있으며 봄과 여름이 여기에 해당된다.

또한 양(陽)은 항상 움직이며 밝은 기운으로 낮과 태양으로 본다. 양(陽)의 상징으로는 양지, 남향, 앞면, 남성상, (+) 등을 의미한다.

음양의 차이

구 분	계절	기온	밤낮	방향	앞뒤	남/여
음(陰)	가을, 겨울	차갑다	밤과 달	북향	뒷면	여성(-)
양(陽)	봄, 여름	따뜻함	낮과 태양	남향	앞면	남성(+)

○ 오행(五行)이란 무엇인가

오행의 이론은 우리의 삶에 많은 영향을 미치고 있으며, 현재에도 다양한 분야에서 활용되고 있다. 오행 역시 음양과 같은 철학적인 학설로 세상의 모든 것이 다섯 가지 원소(금, 나무, 물, 불, 흙)와 그 원소들의 상호작용으로 생성되고 유지되며 발전한다는 이론이다.

오행의 '오(五)'는 다섯을, '행(行)'은 원소를 의미하는데, 이는 음양의 강약에 따라 다섯 가지 기운으로 구분한다. 이들 원소는 각각의 특징이 있는데, 금은 단단하고 광채가 있으며, 나무는 자라면서 자란다는 특성이 있고, 물은 유동성이 뛰어나고, 불은 열과 빛을 발산하며, 흙은 안정적인 특성을 가지고 있다.

오행은 인간의 건강, 행운, 그리고 사업 등에도 영향을 미치는데, 일상생활의 적용되어지는 것으로는 건강관리에 있어서 원소의 상호작용에 따라 음식을 선택하고, 피부 관리에서 원소의 특성을 고려하여 화장품을 선택하게 된다. 또한 사업 분야에서는 기업의 위치, 사무실 인테리어, 상품 생산, 마케팅 등에서 활용되고 있다.

오행의 유형과 특징

구분	목(나무)	화(불)	토(흙)	금(금)	수(물)
방향	동쪽	남쪽	중앙	서쪽	북쪽
계절	봄	여름	간절기	가을	겨울
인생	소년	청년	중년	장년	노년
하루	새벽	낮	오후	저녁	밤
성격	천진, 성장	열정, 자신감	안정, 포용	의리, 절제	계획, 지혜

〈우리문화신문 2020.04.18〉

제5장 상생(相生)과 상극(相剋)

음양오행의 이론은 세상의 모든 것이 양과 음, 또는 상생과 상극의 상호작용에 의해 변화하고 유지된다고 본다. 그 중에서 상생(相生)은 서로 다른 원소나 에너지가 서로 상호작용하여 생기는 현상이라고 할 수 있다. 예를 들어, 물은 나무를 기르고, 나무는 불을 키우고, 불은 흙을 만들고, 흙은 금을 생산하는 것이다. 이러한 상생의 개념은 건강, 사업, 인간관계 등 다양한 측면에서 활용될 수 있다.

반면에 상극(相剋)은 서로 다른 원소나 에너지가 서로 충돌하여 상호작용하는 현상을 말한다. 상극의 개념은 전통 의학에서 건강한 상태를 유지하기 위해 음양의 균형을 맞추는 데 적용되고 또한, 사업이나 인간관계에서도 상극의 개념을 고려하여 음양의 균형을 맞추는 것이 중요하다.

현재 삶이 어려움에 처하여 일이 풀리지 않거나 자꾸만 벽에 부딪혀서 실패하는 경우를 음(陰)이라고 할 수 있고. 이와 반대로 하고자 하는 일이 순풍에 돛단 듯이 원활하게 일이 풀려나가는 것을 양(陽)이라 할 수 있다. 우리는 이러한 상태가 변하지 않는 것이 아니라 음(陰)의 기운이 극(剋)에 도달하면 서서히 양(陽)의 기운에 접어들고 그 끝자락에는 반드시 양(陽)의 기운으로 바뀌게 되고, 또한 반대로 양(陽)의 기운도 음(陰)의 기운으로 변하게 된다는 것을 알고 현실의 어려움을 슬기롭게 극복해 나가야 한다.

즉, 이러한 변화 과정을 통하여 만물의 이치는 음(陰)과 양(陽)이 조화로운 균형을 찾아가게 되는 것이다.

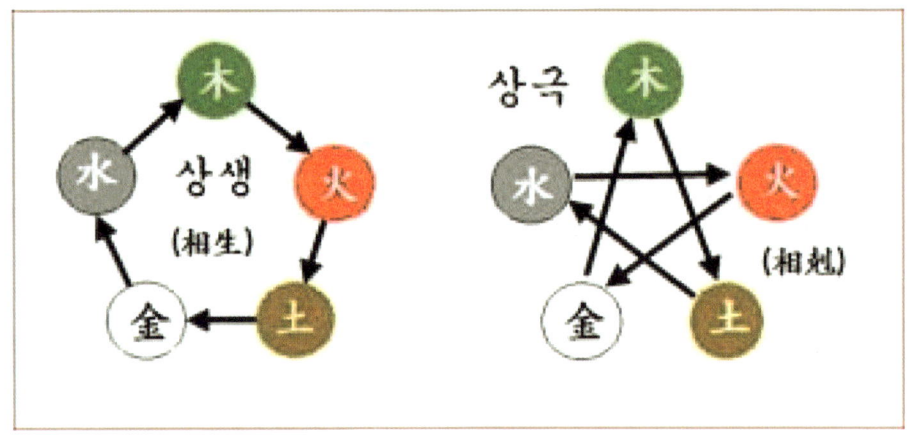

< 상생과 상극 >

○ 상생(相生)이란 무엇인가

상생(相生)이란 오행(五行)중에서 특정한 기운이 다른 하나의 기운을 새로 생기도록 도움을 주고 촉진해서 두 기운이 다 같이 생존 하는 것을 말한다. 명리학(命理學)에서는 오행을 목화토금수로 분류하고, 그 흐름은 목생화, 화생토, 토생금, 금생수, 수생목으로 이어질 때 이를 오행의 상생(相生)이라고 한다.

상생의 원리를 자연의 순환적인 측면에서 보면 나무는 땔감이 되어 불을 지피고(木生火), 타버린 나무는 다시 흙이 되고(火生土), 흙 속에서 단단한 금이 나고(土生金), 단단한 바위에서 물이 나고(金生水), 물은 다시 나무를 키운다(水生木)는 이치이다.

즉, 이러한 자연의 끊임없는 상생의 순환과정을 통하여 만물은 태어나고, 자라고, 사라지면서 여러 생명체들이 살아갈 수 있도록 서로 도움을 주고받게 된다.

- 상생(相生) 관계

    목생화(목→화) : 나무는 땔감이 되어 불을 강하게 타오르게 한다.

    화생토(화→토) : 불은 물질을 태워 재를 남기고 그 재는 다시 흙이 된다.

    토생금(토→금) : 흙 속에서 쇠, 금속, 단단한 바위 등이 생성된다.

    금생수(금→수) : 바위 속의 암반수가 흐르며, 차가운 쇠에 물이 맺힌다.

    수생목(수→목) : 물은 다시 나무를 키운다.

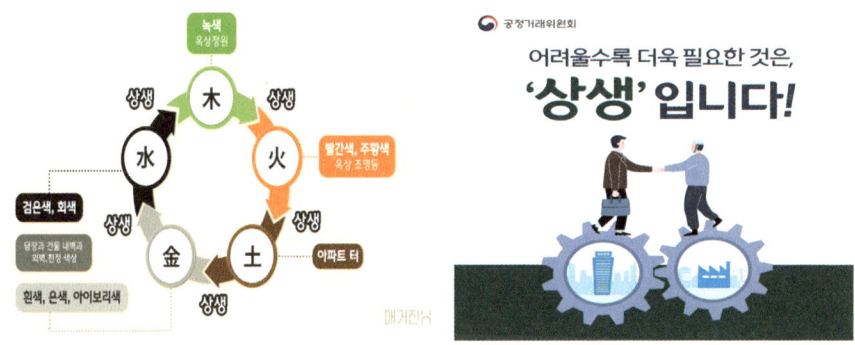

○ 상극(相剋)이란 무엇인가

상극(相剋)이란 오행(五行) 중의 서로 다른 원소나 에너지가 서로 충돌하여 특정한 기운이 다른 기운의 생성을 방해하거나 억제하는 관계를 말한다. 상극(相剋)은 상생(相生)과는 다르게 목토수화금의 관계를 형성하는데, 자연의 이치로 보면 나무는 흙을 극하고(木剋土), 흙은 물을 극하고(土剋水), 물은 불을 끄고(水剋火), 불은 쇠를 녹이고(火剋金), 쇠는 나무를 자른다(金剋木)는 이치이다.

한의학에서 사람의 건강은 음과 양, 상생과 상극의 균형에 따라 결정된다고 본다. 따라서 한쪽이 과다하게 증가하면, 다른 한쪽이 약화되어 건강에 문제가 생기는 것이다. 예를 들어, 과도한 스트레스로 인한 신체적, 정신적 질병 등에서는 정서적 안정과 균형을 이루는 것이 중요하다는 것이 그 예로 들 수 있다.

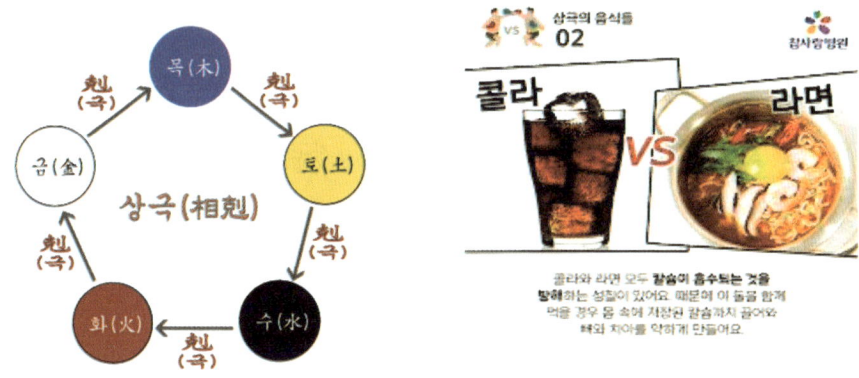

- 상극(相剋)관계

    목극토(목→토) : 나무는 뿌리를 내려 땅을 파고든다.

    토극수(토→수) : 흙은 흐르는 물을 가로막거나 방향을 바꾸게 한다.

    수극화(수→화) : 물은 활활 타오르는 불을 꺼지게 한다.

    화극금(화→금) : 불은 차갑고 단단한 쇠를 녹인다.

    금극목(금→목) : 쇠는 나무를 베거나 자른다.

    우리가 살아가는 세상에 단지 상생만 있고 상극이 없으면 만물의 생성 변화가 일어나지 않고 변화되지 않아서 정체되게 된다. 그래서 세상은 앞으로 나아가지 못하게 되는데, 상생과 상극이 상호 보완할 때 만물이 성장하고 발전하며 더 나은 세상이 만들어지게 된다.

    ○ 상생(相生)과 상극(相剋)의 관계

음양오행(五行)의 상생(相生)과 상극(相剋)은 고정되어 있지 않고 계속 흐르고 있으며, 또한 혼자서 존재하는 것이 아니라 상생(相生)과 상극(相剋) 두 가지가 섞여서 존재한다. 즉 상생(相生)이 과다하면 상극(相剋)으로 변하며, 또한 상극

(相剋) 안에서도 상생(相生)의 원리가 작용하고 있어 끊임없이 영향을 주고받는다. 즉 상극(相剋) 속에서도 상생(相生)이 존재하는 원리이다

예를 들어 상생에서 목생화(목→화). 나무(木)는 불(火)을 생(生) 하지만 불을 지펴놓고 너무 많은 나무를 넣게 되면 불이 타오르지 않고 꺼지게 된다. 이를 목다화식(木多火熄)[13]이라 하며 생(生)이 과다해서 오히려 극(剋)으로 변하는 이치이다. 이러한 상황을 전환하려면 금으로 나무를 적당히 잘라서 넣으면 된다. 이를 금극목(金剋木) 또는 벽갑인정(劈甲引丁)[14]이라고 한다.

또한 상극에서 목극토(木剋土)를 살펴보면 나무가 뿌리를 내려 땅을 파고 들어가서 흙과 상극이 된다, 그러나 나무는 흙 위에서 뿌리를 내릴 수 있고, 흙의 관점에서는 나무가 있어야 장마나 홍수가 났을 때 흙이 물에 휩쓸려 가지 않게 된다. 이 경우에 목극토가 목극생으로 바뀐다.

즉 이러한 것들이 극(剋)하는 가운데 생(生)의 이치가 담겨져 있는 극중생(剋中生)의 원리이다. 이처럼 생(生)이 과다하면 오히려 극(剋)이 되기도 하고, 상극(相剋) 속에서도 상생(相生)의 이치가 작용하고 있다는 것을 보여준다.

○ 풍수지리에서 바라보는 기(氣)

풍수지리에서 기(氣)란 에너지나 기운을 의미하는데 기(氣)에 관한 기본적인 논리는 일정한 경로를 따라 땅속에서 돌아다니고 있는 살아있는 기운 즉, 생기(生氣)를 말한다.

---

[13] 목다화식(木多火熄)
 목다화식(木多火熄)은 오행 철학에서 나무(목)가 많으면 불(화)이 꺼지고, 불이 많으면 나무가 없어지는 것을 말합니다. 즉, 한 가지 요소가 지나치게 많아지면, 다른 요소가 약해지거나 사라지게 되어 균형이 깨지게 된다는 것이다. 이는 삶의 각 분야에서 적절한 균형을 유지하며, 한 가지에만 집착하지 않고 다양한 경험과 활동을 즐기는 것이 중요하다는 것을 우리에게 알려 준다. <출처 : 챗 GPT>

[14] 벽갑인정(劈甲引丁)
 벽갑인정(劈甲引丁)은 오행 철학에서 물(갑)과 나무(목)가 서로 상호보완적인 관계를 이룬다는 개념이다. 물은 나무를 기르고, 나무는 물을 흡수하여 생명력을 유지하기 때문에, 물과 나무는 서로 인정하고 상호보완적인 관계를 가진다고 생각한다.
 이러한 개념은 협력과 상호작용을 강조하는 현대 사회에서도 중요한 역할을 한다. 서로 다른 분야나 전문성을 가진 사람들이 협력하여 문제를 해결하거나, 조직 내에서 각 부서나 개인이 상호보완적인 역할을 수행하면, 성과를 높일 수 있다. <출처 : 챗 GPT>

땅의 생기는 지리적인 위치나 지형, 지반 등에서 발생하는 에너지로, 지리적인 위치나 방향, 건물의 배치 등을 고려하여 적절히 활용할 수 있다. 그러한 기운을 사람이 취하여 더 좋은 기운으로 강화시켜서 사람이 복을 얻고 화를 피하고자 하는 것이 풍수의 기본적인 논리이다. 그러한 논리의 근거는 기(氣)가 어떻게 사람이 하는 일에 영향을 미치게 하는지를 밝혀낸 기 감응적(感應論)[15] 인식체계를 들 수 있다.

○ 한의학에서 바라보는 기(氣)

한의학에서의 기(氣)는 생명 에너지를 의미한다. 기(氣)에 대한 시각은 우선 사람의 질병이 기운의 부조화로부터 발생한다고 판단하고 이러한 부조화가 인체를 구성하는 모양과 기에 어떠한 방식으로 영향을 주고 있는가를 분석한다.

그리고 치료 방법으로는 기를 기로서 조절하는 침술법과 형기(形氣)[16]를 지닌 약물로서 부조화된 기를 조절하여 치료하는 약물치료 방법이 있다. 따라서, 한의학에서의 기는 인체의 생명 에너지로서 중요하며, 기의 흐름을 조절하여 건강을 유지하는 것이 중요하다.

○ 서양 물리학에서 바라보는 기(氣)

서양 물리학에서는 기(氣)라는 개념이 물리학적으로 입증되지 않아 과학적인 근거가 부족하다고 보고 있다. 하지만 최근 물리학 분야에서 기와 비슷한 개념을 다루는 양자역학에서 입자들 간의 상호작용에 의해 발생하는 에너지 흐름을 다

---

[15] 感應論 "간절히 원하면 온 우주가 도와준다."
　브라질의 문호 파울로 코엘료가 쓴 『연금술사』에서 차용한 이 말은 온 우주와 인간의 교감, 감응을 단적으로 말해주는 것에 해당한다. 우주에 마음이 있다면 인간의 간절한 바람과의 교감 및 감응이 가능한데, 감응은 하나의 사물만이 있을 때는 일어날 수 없는 현상으로, 서로 다른 두 가지 요소가 맞닥트렸을 때 생기는 현상이다. 중략 - <동양예술에서의 感應論 조민환>

[16] 형기(形氣)
　형체와 기능을 합해서 이르는 말. 형(形)은 형체, 기(氣)는 장부(臟腑) 조직의 기능을 가리킨다. 정상적인 상태에서 형과 기는 상호 협조를 한다. 만약 어느 한쪽이 성(盛)하거나 혹은 허(虛)하면 이는 모두 병태(病態)이다.
　<출처 : 경동양의학대사전>

제4편 풍수지리 일반이론   141

루고 있는데 이것이 기와 비슷한 개념이다. 또한, 현대 물리학에서는 우주의 전체적인 에너지 및 질량 분포와 같은 것들을 연구하여 우주의 형성과 발전에 대한 이해를 높이고 있다.

그리고 우주는 본원으로서 어느 곳이든 없는 곳이 없고, 새로 생기거나 없어지지 않으며 시작도 끝도 없다. 우주의 에너지는 그 형태를 바꾸거나 다른 곳으로 전달할 수 있을 뿐만 아니라 생성되거나 사라질 수 없다고 본다. 즉 에너지가 다른 에너지로 전환될 때, 전환 전후의 에너지 총합은 항상 일정하게 보존된다는 Newton의 에너지 보존의 법칙17)을 통하여 기(氣)를 이해하고 있다.

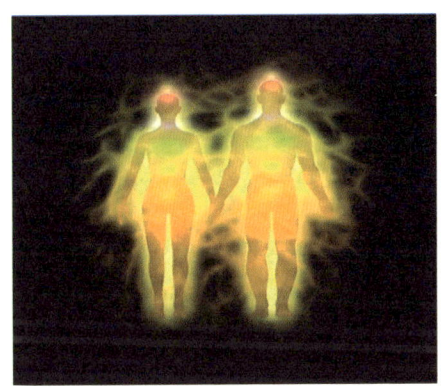

○ 풍수지리를 잘 활용하면 삶에 변화와 행운을 가져올 수 있다.

풍수지리를 제대로 이해하고 우리가 생활하는 공간의 건물 위치, 방향, 내부 구조와 가구 배치 등을 적절하게 조절하면 인간의 건강, 안락함, 행운 등을 개선할 수 있다.

---

17) 에너지 보존 법칙
　　물리학에서의 에너지 보존 법칙(-保存法則, 영어: law of conservation of energy)은 에너지는 그 형태를 바꾸거나 다른 곳으로 전달할 수 있을 뿐 생성되거나 사라질 수 없다. 항상 일정하게 유지된다는 것이다. 롤러코스터에서 중력에 의한 퍼텐셜에너지가 운동에너지로 변환되거나 화약의 화학에너지가 총알의 운동에너지로 변환되는 것이 그 예이다.(네이버)

예를 들어, 건물의 위치나 방향을 자연환경에 맞추어 조절하면 자연의 에너지를 이용할 수 있으며, 또한, 건물 내부의 구조와 가구를 에너지 흐름에 따라 배치하면 기의 흐름이 자연스러워 인간의 건강과 안락함을 증진할 수 있다. 이를 통해, 풍수지리를 적용한 건물은 인간의 건강과 안락함을 증진하고, 행운을 불러올 수 있으며 또한 삶의 변화와 행운을 가져올 수 있다.

풍수지리는 인류가 300만 년 전 지구상에 등장한 이후 그동안 진화하면서 생존과 편리한 생활을 하기 위하여 적합한 주거지를 찾아왔던 습관의 DNA가 지금까지 이어져 오고 있다. 과거에도 거주하기에 좋은 장소를 발견하면 한 장소에서 오랫동안 먹고, 자고, 쉬는 생활을 하였다. 그리고 안전한 거주 장소가 자연재해나 동물 그리고 주변 지역 종족의 공격으로부터 보호를 받고 자신과 종족을 발전시키고 보전하는 데 유리하다는 것을 직접적인 경험과 체험을 통하여 무의식적으로 체득하게 되었던 것이다.

현대 사람들은 풍수지리에 대하여 많은 인식의 변화가 일어나고 있다. 특히 MZ 세대들은 중장년층이 경험하였던 상여나 봉분(무덤). 즉 음택풍수(陰宅風水)에서 벗어나 양택풍수(陽宅風水)에 대한 관심을 가지고 있다. 예) 해바라기 그림을 집안에 두면 가정이 행복하고 화목해진다는 것 등.

또한 장묘문화가 서구화된 것도 풍수지리의 인식에 많은 영향을 주었다. 이는 화장 문화, 납골당, 수목장 등 시대 문화에 맞는 자연스러운 변화라고 본다.

이제 풍수지리는 맞는지 틀리는지 혹은 또는 믿는지 안 믿는지의 문제가 아니라 풍수지리를 어떻게 활용하여 나의 삶의 변화와 행운을 개선할 것인가에 대한 진지한 고민이 필요한 시기라고 필자는 보고 있다.

☞ 드라마 〈카지노〉 최민식 배우의 상생과 상극

영화 〈카지노〉의 주인공 최민식 배우의 인터뷰를 통해서 우리는 음양오행의 상생과 상극의 개념이 배우의 무의식 속에 내재 되어 있는 것을 발견할 수 있다.

최근에 종영된 디즈니+ 〈카지노〉 주인공 최민식 배우(차무식 역)의 인터뷰 내용 중에서, 작품의 출연을 결정하게 된 결정적인 이유가 "만약 차무식이 단선적인 나쁜 놈이었다면 이 작품을 하지 않았을 것이다. 세상에 100% 나쁘거나 100% 착한 사람은 없지 않느냐"며 "날 때부터 슈퍼맨이거나 악당이었던 게 아니라 아주 평범한 놈도 그렇게 모진 인생을 살면서 악인이 될 수 있다는 다중적인 면을 표현하고자 했다"고 말했다 …… 중략 〈중앙일보 : 2023.03.25.〉

풍수지리 사자성어

- 인마상음(人馬相應): 집안에서는 사람과 말이 조화롭게 어울려야 한다는 의미이다. 집안에서는 가구나 인테리어를 사람의 편안함과 어울리도록 선택하면, 기운이 흐르며, 좋은 상황을 만들 수 있다고 믿어진다.

- 미소눈웃음(微笑眼笑): 집안에서는 미소와 웃음이 중요하다는 의미이다. 미소와 웃음이 많으면, 기운이 흐르며, 좋은 상황을 만들 수 있다고 믿어진다.

- 유교유풍(儒敎有風): 집안에서는 유교적인 분위기가 중요하다는 의미이다. 집안에서는 유교적인 분위기를 갖추어 가족들이 협력하고, 서로 배려하는 분위기를 만들 수 있다고 믿어진다.

- 화풍삼생(華風三生): 집안에서는 화려하고 아름다운 분위기가 중요하다는 의미이다. 집안에서는 아름다운 장식과 조명을 활용하여 화려하고 아름다운 분위기를 만드는 것이 좋다고 믿어진다.

- 문화예술(文化藝術): 집안에서는 문화와 예술이 중요하다는 의미이다. 집안에서는 문화와 예술을 즐기고, 배우며, 발전시키는 것이 좋다고 믿어진다.

- 인내중양(忍耐中揚): 집안에서는 인내심과 긍정적인 태도가 중요하다는 의미이다. 집안에서는 인내심을 갖고, 긍정적인 태도로 대처하면, 좋은 상황을 만들 수 있다고 믿어진다.

- 청렴심사(淸廉心士): 집안에서는 청렴한 마음과 정직한 태도가 중요하다는 의미이다. 집안에서는 청렴한 마음과 정직한 태도로 살면, 기운이 흐르며, 좋은 상황을 만들 수 있다고 믿어진다.

풍수지리 속담

- "먼저 자리를 잡으면 이익이 따른다."
  풍수적으로 좋은 위치와 구조를 갖춘 집은 먼저 자리를 잡으면 이익이 따르며, 그렇지 않으면 이익을 얻기 어렵다는 속담이다.

- "남의 집에 들어가서 불쾌한 기운을 느끼면 그 집은 풍수적으로 좋지 않다."
  풍수적으로 좋은 집은 방문자도 편안함을 느끼게 하며, 그렇지 않은 집에서는 불쾌한 기운을 느낄 수 있다는 속담이다.

- "물이 흐르는 곳에는 물고기가 있다."
  풍수적으로 좋은 위치에는 이익이 따르며, 그렇지 않은 위치에서는 이익을 얻기 어렵다는 속담이다.

- "남의 일에 눈을 떠라."
  풍수적으로 좋은 집은 자연환경과 조화를 이루며, 그렇기 때문에 주변의 일에도 관심을 가지게 된다는 속담이다.

- "마음이 좋으면 기운이 따른다."
  풍수적으로 좋은 위치와 구조를 갖춘 집에서는 마음이 편안해지며, 그렇게 되면 좋은 기운이 따른다는 속담이다.

- "자연은 인간을 닮고, 인간은 자연을 닮는다."
  좋은 풍수적 환경은 자연환경과 조화를 이루며, 그렇게 되면 인간도 자연의 일부분이 된다는 속담이다.

맺음말

챗 GPT와 풍수지리는 전혀 다른 분야로 보일 수 있지만, 두 분야는 인간이 가진 지적 능력을 높이기 위해 노력하는 과정에서 상호보완적인 역할을 할 수 있다. 챗 GPT는 데이터 분석과 예측 능력을 통해 인간의 의사결정을 보조할 수 있고, 풍수지리는 환경과 조화를 이루는 공간을 창조하는 데에 도움을 줄 수 있다.

또한, 인간은 챗 GPT와 풍수지리의 도움을 받아 지속 가능한 삶을 이룰 수 있다. 그러나, 챗 GPT와 풍수지리는 인간의 지능과 신념을 대체할 수 없으며, 인간이 가진 인간다움과 가치를 지키며 발전해 나가야 한다는 것을 상기시켜야 한다. 챗 GPT와 풍수지리는 단순한 도구가 아닌, 인간의 삶을 더욱 풍요롭고 안정적으로 만드는 가치 있는 도구가 될 수 있을 것이다.

AI와
풍수끼리

풍수지리 활용사례

○ 한국의 풍수지리 활용사례들

한국에서는 풍수지리를 믿거나 활용하는 사람이 많습니다. 특히, 유명인사들 중에서도 풍수지리를 적극적으로 활용하는 사람들이 있다.

1. 이순신 장군: 조선 시대 무신인 이순신 장군은 전투 전에 자신이 지휘하는 군대의 안전을 위해 풍수지리를 적극적으로 활용했다. 그는 전장을 판단하기 위해 지형, 지리, 수리 등을 면밀히 분석하였으며, 이를 바탕으로 전략을 수립하고 군대의 배치를 결정했다.

    예를 들어, 이순신 장군은 안성에서 싸우는 전투에서 전장의 지형을 고려하여 백마산을 이용해 대적을 막았다. 이처럼 이순신 장군은 전략적으로 풍수지리를 활용하여 전투에서 승리를 거두었다.

2. 윤보선: 대한민국 임시정부의 수석이자 대한민국 임시정부의 초대 대통령인 윤보선은 풍수지리에 대한 지식과 관심이 많았다. 그는 대한민국 임시정부의 주요 건물과 사무실을 설계할 때 풍수지리를 적극적으로 활용했다.

3. 박태환: 한국의 전 세계적인 스포츠 스타인 박태환 선수는 자신의 집안을 풍수지리적인 원리를 고려하여 꾸몄다. 그는 집안의 가구 배치와 색상, 문과 창문의 위치 등을 풍수지리적인 원리를 기반으로 선택했다.

4. 나인뮤지스 혜진: 한국의 걸그룹 나인뮤지스의 멤버 중 한 명인 혜진은 풍수지리에 대한 지식과 관심이 많다. 대표적인 노래로는 'Doll', '다쳐', 'Sleepless Night' 등이 있다. 그녀는 자신의 방을 풍수지리적인 원리를 기반으로 꾸미고, 살아가는 공간에서 행운을 끌어들이기 위해 노력했다.

5. 박태준: 한국의 대표적인 건축가이자 풍수지리 전문가이다. 대표적인 건물로는 국립현대미술관 남산관, 국립중앙박물관, 롯데백화점 본점, 하나은행 본점,

삼성화재 본관 등이 있다. 그는 풍수지리적인 원리를 바탕으로 한 건축물의 설계와 건축물 내부의 인테리어 디자인 등을 수행하고 있다.

6. 박지성: 한국 축구 대표팀의 전 선수이자 현재는 영국의 클럽에서 활동했던 박지성 선수는 자신의 집안을 풍수지리적인 원리를 기반으로 꾸몄다.

7. 박성호: 박성호는 대한민국의 대표적인 경영컨설턴트이자 투자가이다. 그는 기업 경영 및 투자 전문가로서 폭넓은 지식과 경험을 갖추고 있다. 박성호는 자신의 블로그에서 풍수지리에 대한 글도 게시해왔다.

8. 이선균: 이선균은 대한민국의 배우로, 다양한 작품에서 연기력을 인정받아왔다. 그는 자신의 집안을 풍수지리적인 원리를 기반으로 가구 배치와 색상, 문과 창문의 위치 등을 풍수지리적인 원리를 고려하여 선택했다.

9. 조용기: 조용기는 대한민국의 건축가이자 풍수지리 전문가이다. 그는 풍수지리적인 원리를 바탕으로 한 건축물의 설계와 건축물 내부의 인테리어 디자인 등을 수행하고 있다. 또한, 조용기는 풍수지리 관련 서적도 출판했다.

10. 이건희 : 대한민국의 대표적인 기업가이자 삼성그룹의 창업자이다. 풍수지리에 대한 지식과 관심이 많았으며, 삼성전자 본사 건물의 설계와 인테리어 디자인에도 풍수지리적 원리를 적용했다고 알려져 있다.

11. 최불암 : TV 프로그램에서 자신이 풍수지리 전문가로서 가진 지식과 경험을 바탕으로 다양한 대사를 선보였다. 대사 중 하나는 "집은 사람의 인생을 반영한다"라는 말이다.

그는 이 말을 바탕으로 집안 꾸미기와 풍수지리를 통해 사람들이 좋은 인생을 살 수 있도록 도와주는 역할을 하고 있다. 다른 대사로는 "집안의 풍수를 바로 잡는 것은 인생을 바로 잡는 것과 같다" 등이 있다.

○ 미국의 풍수지리 활용사례들

1. 조지 워싱턴: 미국의 제1대 대통령인 조지 워싱턴은 자신의 토지를 구매할 때 풍수지리를 고려하여 선지를 선택했다는 이야기가 있다.

2. 존 F. 케네디: 미국의 대통령 중 하나인 존 F. 케네디는 백악관 내부의 가구 배치와 색상을 풍수지리적인 원리를 고려하여 결정했다는 이야기가 있다.

3. 마돈나: 미국의 여가수 마돈나는 자신의 집안과 공연장의 무대를 풍수지리적인 원리를 고려하여 설계했다는 이야기가 있다.

4. 데이비드 록펠러: 미국의 기업인인 데이비드 록펠러는 자신의 사무실과 집안을 풍수지리적인 원리를 고려하여 디자인했다는 이야기가 있다.

5. 빌 게이츠: 마이크로소프트의 창업자인 빌 게이츠는 자신의 집안을 풍수지리적인 원리를 고려하여 집안 구조와 가구 배치를 결정했다고 알려져 있다.

6. 스티브 잡스: 애플의 공동창업자인 스티브 잡스는 자신의 집을 풍수지리적인 원리에 따라 설계하고, 애플의 제품 디자인에서도 풍수지리적인 원리를 고려했다는 이야기가 있다.

   또한, 그의 마지막 발표를 한 무대를 구성할 때에도 풍수지리적인 원리를 고려하여 배치를 결정했다는 이야기도 있다.

7. 톰 크루즈: 미국의 배우인 톰 크루즈는 자신의 집안을 풍수지리적 원리를 고려하여 설계했다는 이야기가 있다.

8. 도널드 트럼프 : 자신의 호텔 건축에 풍수지리를 적용했다는 이야기도 있다. 그는 자신의 호텔 건축에서 풍수지리적인 원리를 고려하여, 건물의 입구와 출구, 방향, 색상 등을 결정했다고 알려져 있다.

9. 엘리자베스 2세 : 자신의 궁전에서 풍수지리적인 원리를 고려하여, 궁전의 구조와 인테리어를 결정했다고 알려져 있다.

※ 미국에서 풍수지리와 관련하여 믿음이나 활용이 높은 지역은 캘리포니아와 하와이다. 캘리포니아에는 풍수지리를 전문적으로 연구하고 활용하는 단체들이 있으며, 하와이에는 풍수지리를 기반으로 한 전통적인 건축양식이 있다.

또한, 미국에서는 플레이스메이킹(place-making)이라는 개념이 있다. 이는 도시와 건축물을 설계할 때, 공간의 미적 가치와 기능성 뿐만 아니라, 그곳에서 살아가는 사람들의 삶의 질과 행복감을 고려하는 개념이다.

이러한 플레이스메이킹은 일종의 풍수지리적인 원리를 적용한 것으로 볼 수 있다. 풍수지리는 미국에서 일반적으로 널리 사용되는 분야는 아니기 때문에, 이러한 예시들은 일부 특별한 경우에 한정된 것이라고 볼 수 있다.

AI와
풍수지리

참고문헌

〈국내도서〉

챗 GPT, 반병현, 생능북스, 2023

챗 GPT 세계미래보고서, 박영숙, 김민석, 더블북 2023년

챗 GPT, 기회인가 위기인가, 서민준, 이충환, 한상기, 한세희, 동아엠앤비·2023년

챗 GPT, 앞당겨진 미래, 이재성, 베가북스 · 2023년

챗 GPT 기회를 잡는 사람들, 장민, 알투스 · 2023년

챗 GPT 거대한 전환, 김수민, 백선환, 알에이치코리아 · 2023년

챗 GPT 혁명, 권기대, 베가북스 · 2023년

그림과 풍수를 모르고 부자를 꿈꾸지 마라, 최이락. 류신영, SUN, 2023

세상과 소통하는 풍수, 최이락, SUN, 2018

정통풍수지리, 정경연, 평단, 2022

문화유산 속 풍수지리, 프로방스, 2022

풍수지리과 신도시, 은서원, 2021

풍수지리, 배상열, 우리글, 2013

전통생태와 풍수지리, 이도원, 지오북, 2012

도선비기, 한국학술정보, 2011

"초감각적 지각" 탐구보고서 : 풍수지리와 건축, 서현수, 창조현진, 2021

주역으로 알아보는 부귀와 풍수지리, 김교운, 지식공감, 2020

풍수지리학 개론, 백남대, 대구한의대학교출판부, 2015

풍수지리/빛깔있는 책들 140, 김광언, 대원사, 2012

자연과 풍수지리: 양택요결 인테리어풍수, 벼리영, 넥센미디어, 2019

도학풍수지리, 장정환, 이비락, 2016

풍수지리사상의 생활풍수 적용 인식에 관한고찰, 양동주; 홍상욱, 택민국학연구원,2018

지리, 풍수, 그리고 풍수지리, 윤홍기, 경북대학교 영남문화연구원, 2019

풍수지리로 본 부동산명당 해법찾기, 김종수, 부연사, 2012

풍수지리학원리, 신영대, 경덕출판사, 2004

〈논문 자료〉

1. "풍수지리적인 관점에서 본 건축물의 최적 입지연구"
    - 박종근(한양대학교 박사학위논문

2. "한국 전통 건축의 풍수적 분석에 관한 연구"
    - 이진우(서울대학교 석사학위논문)

3. "풍수지리적인 관점에서 본 공동주택의 인테리어 디자인"
    - 김효신(홍익대학교 박사학위논문)

4. "중국 전통 건축의 풍수적 분석에 관한 연구"
    - 김영균(한양대학교 석사학위논문)

5. "풍수지리와 지역개발" - 박창우(서강대학교 박사학위논문)

6. 인터넷을 이용한 풍수정보제공 시스템 / 임상호; 안효명

7. 외부주거환경에 대한 전통 풍수론에 관한 연구/이승노/대한풍수연구학회/ 2015

8. 풍수해 다발지역에 대한 풍수지리론적 연구 - 김현호(서경대학교 석사학위논문)

〈해외 자료〉

1. "Feng Shui for Architecture" - Simona F. Mainini 지음

2. "Feng Shui for the Soul" - Denise Linn 지음

3. "The Western Guide to Feng Shui" - Terah Kathryn Collins 지음

4. "Feng Shui Made Easy" - William Spear 지음

5. "The Complete Idiot's Guide to Feng Shui" - Elizabeth Moran, Master Joseph Yu 지음

6. "The Principles of Feng Shui" - Larry Sang 지음

7. "Feng Shui World Magazine" - Joey Yap

8. "Feng Shui for Modern Living" - Stephen Skinner

9. "The Feng Shui Handbook" - Derek Walters

10. "Lillian Too's Little Book of Feng Shui" - Lillian Too

11. "Feng Shui Your Life" - Jayme Barrett

12. "The Influence of Feng Shui on Real Estate Values" - John D. Benjamin

13. "Feng Shui and Architecture: Towards a New Discipline" - Sarah Rossbach

14. "The Application of Feng Shui in Architecture and Building Design" - Yu Shi-ming and Wong Shiu-hung

15. "The Significance of the Bagua in Feng Shui" - Lillian Too

16. "Feng Shui: The Ancient Art of Geomancy" - Stephen Skinner

AI와 풍수지리

지은이	김동기
펴낸이	백현관
펴낸곳	도서출판 인해
편집	정다운
디자인	정다운
검수	강소라, 윤지혁

주소	서울특별시 관악구 복은길 12 태경
Tel	02) 878-3988
Fax	02) 889-7402
ISBN	979-11-5577-838-8 (03180)
초판발행	2023년 07월 03일

*이 책의 무단 전재 또는 복제행위는 저작권법 제97조에 의거 5년 이하의 징역 또는 5천만 원 이하의 벌금에 처하게 됩니다.
*파본은 교환하여 드립니다.